LEÇONS DE CHOSES

LEÇONS DE CHOSES

OUVRAGE RÉDIGÉ

Conformément au programme officiel du 22 janvier 1883

PAR

J.-Henri FABRE

Docteur ès sciences

CLASSE PRÉPARATOIRE ET CLASSE DE HUITIÈME

PARIS

LIBRAIRIE CH. DELAGRAVE

15, RUE SOUFFLOT, 15

LEÇONS DE CHOSES

OUVRAGE RÉDIGÉ

Conformément au programme officiel du 22 janvier 1885

PAR

J.-Henri FABRE

Docteur ès sciences.

CLASSE PRÉPARATOIRE ET CLASSE DE HUITIÈME

DEUXIÈME ÉDITION

PARIS

LIBRAIRIE CH. DELAGRAVE

15, RUE SOUFFLOT, 15

1887

LEÇONS DE CHOSES

PREMIÈRE PARTIE

I

LE FEU ET LE BOIS

Le feu est pour l'homme de la plus grande utilité. Sans le feu, combien nous serions misérables !

Quand, en hiver, la bise souffle glacée ; quand la neige descend à gros flocons d'un ciel tout gris ; quand nous grelotons transis de froid, ah ! comme il est bon de se rapprocher du feu et d'en recevoir la bienfaisante chaleur !

Notre nourriture exige l'emploi du feu. Certes, un gigot de mouton est un excellent manger ; mais il faut d'abord le faire cuire.

Le four pour cuire le pain.

S'il restait cru et saignant, qui oserait y mordre ? Ce serait nourriture de bête féroce, et non nourriture humaine.

Il faut f..ire cuire aussi la pâte de farine pour qu'elle devienne .. pain; il faut faire cuire les pois, les haricots, les lentilles et autres légumes, pour les ramollir et les rendre mangeables.

Sans le feu, tout ce que prépare la cuisine serait impossible, et nous n'aurions à manger que des fruits, nourriture insuffisante.

Il faut le feu pour faire rougir dans la forge le fer, qui se façonne alors sur l'enclume à grands coups de marteau et devient tel ou tel autre outil : houe, bêche, râteau du jardinier, charrue du laboureur, pic, ciseau du maçon.

Le linge se nettoie avec du savon.

Il faut le feu pour fondre le verre qui, devenu carreaux de vitre, nous garantit, dans nos appartements, de l'air froid extérieur, tout en laissant passer la lumière.

Il faut le feu pour fabriquer le savon, qui nous rend le linge propre; le feu, pour obtenir la chaux et le plâtre, nécessaires à la construction de nos demeures.

Voyez maintenant passer sur le chemin de fer la locomotive fumeuse, avec sa longue file de voitures.

Qui la fait mouvoir avec tant de vitesse; qui lui donne la force de transporter toute une population de voyageurs et un faix immense de marchandises? — Le feu.

D'autres machines accomplissent les travaux les plus variés. Les unes nous tissent le drap et la toile; celles-ci impriment les journaux et les livres; celles-là font le papier avec des chiffons au rebut. Qui les met en mouvement, qui fait tourner leurs rouages? — Le feu.

Oui, le feu est pour nous le premier des travailleurs. Sans lui, dans quelle profonde misère serions-nous restés!

Or, avec quoi se fait le feu? Il se fait avec des *combustibles*, c'est-à-dire des choses bonnes à brûler. Le bois et le charbon sont des combustibles.

Le bois nous est fourni par les arbres, que la scie, la hache, le coin et la massue détaillent en morceaux ou bûches.

Il y a deux qualités de bois de chauffage : les bois durs, et les bois tendres. Les meilleurs bois durs proviennent des chênes, savoir le chêne commun, répandu dans toute le France, et chêne vert ou yeuse, spécial au Midi. Ce dernier s'appelle chêne vert, parce qu'il ne perd pas son feuillage pendant la mauvaise saison et se maintient vert durant toute l'année.

Parmi les bois tendres, sont : le peuplier, le saule, le pin, le platane.

La manière de brûler de ces deux sortes de bois est toute différente. Les bois tendres, convenablement secs, prennent vite feu, donnent beaucoup de flamme et une chaleur vive, mais de courte durée. Ils sont de bon usage à la cuisine, où il est fréquemment nécessaire d'obtenir une prompte et pénétrante chaleur, par exemple pour les volailles à la broche et les fritures à la poêle.

Ils conviennent très bien aussi pour communiquer l'inflammation à d'autres combustibles plus résistants, bois durs et charbon de terre; mais ils seraient d'un emploi peu économique, à cause de leur rapide combustion, dans les cheminées de chauffage, où il faut tout le jour entretenir le feu.

Le meilleur combustible est alors le chêne, qui se consume lentement et donne des charbons volumineux et compacts, conservant des heures entières leur chaleur, surtout si l'on a soin de les recouvrir à demi de cendres.

Le saule et le peuplier brûlent en quelques instants sans laisser de braise; le chêne donne un feu qui dure et laisse une braise ardente. S'il fallait entretenir le feu dans une cheminée avec des fagots de ramée et des éclats de saule, le soin de renouveler le combustible occuperait tout le jour, tandis que trois ou quatre bûches de chêne suffisent pour longtemps.

II

LA COMBUSTION

Allumons une pelletée de charbon sur le fourneau de la cuisine. Le charbon prend feu, devient rouge et se consume en produisant de la chaleur.

En quelque temps il ne reste qu'une pincée de cendres, d'un poids bien petit par rapport à la quantité de charbon brûlé. Qu'est devenu alors le charbon ?

— Il s'est consumé, il s'est brûlé, allez-vous répondre.

— D'accord. Mais se consumer, serait-ce se réduire à néant ? Le charbon, une fois brûlé, n'est-il plus rien, absolument plus rien ?

— Il est devenu cendres, direz-vous encore.

— Ce n'est pas tout à fait cela; car lés cendres qui restent après la combustion sont bien peu de chose en comparaison de la quantité de charbon brûlé. Une grande pelletée de charbon nous a donné quelques pincées de cendres.

Vous voyez que la question n'est pas mal embarrassante. Puisqu'on ne trouve du charbon brûlé qu'un peu de cendres, on serait tenté de croire que le reste est anéanti.

Si tel est votre avis, apprenez qu'en ce monde rien ne s'anéantit, ne retourne à rien après avoir été quelque chose.

Essayez d'anéantir un grain de sable. Vous pouvez l'écraser, le mettre en fine poussière; mais le réduire à rien, jamais. Et les hommes les plus habiles, avec des moyens plus variés, plus puissants que les nôtres, ne l'anéantiraient pas davantage. En dépit de toutes les violences, le grain de sable existera toujours, sous une forme ou sous une autre.

Néant et hasard, ces deux grands mots que nous employons à tout propos, en réalité ne signifient rien. Tout obéit à des lois invariables ; tout persiste, indestructible. La forme, l'aspect, les apparences changent ; le fond reste le même.

Le charbon consumé n'est donc pas anéanti. Il n'est plus dans le fourneau, c'est vrai. Où est-il, alors ? Il est dans l'air, en dissolution, sous un état invisible.

Vous me regardez avec de gros yeux étonnés quand je dis que le charbon brûlé existe toujours et qu'il se trouve dans l'air. Vite, alors, un exemple pour vous faire une peu comprendre cette curieuse chose.

Quand on met un morceau de sucre dans l'eau, ce sucre se fond, se dissémine dans le liquide et cesse d'être visible aux regards les plus perçants. A l'aide de ce merveilleux instrument, le microscope, qui fait paraître une puce grosse comme un bœuf, nous ne le verrions pas davantage.

Ce sucre, impossible à voir, n'en existe pas moins. La preuve, c'est qu'il a communiqué à l'eau une propriété nouvelle : la saveur sucrée. Rien n'empêche d'ailleurs de le faire reparaître tel qu'il était au début. Il suffit d'exposer l'eau sucrée au soleil dans une assiette. L'eau seule partira, réduite en vapeur par la chaleur du soleil, et le sucre restera.

Ainsi fait à peu près le charbon. En brûlant, il se dissout, se fond dans l'air et devient invisible. Cette dissolution se nomme *combustion*.

Or, pour activer le feu, que faisons-nous ? — Avec un soufflet, nous lançons de l'air sur le combustible. A chaque bouffée, le feu s'avive. Les charbons, d'un rouge sombre d'abord, deviennent d'un rouge vif, puis d'un blanc ardent. L'air apporte une nouvelle vie au sein du foyer.

Pour empêcher le combustible de se consumer trop

vite, que faisons-nous, au contraire? Nous le couvrons de cendres, nous le préservons ainsi de l'arrivée de l'air. Sous la couche de cendres, le charbon garde sa chaleur et se conserve longtemps rouge sans se consumer.

Ainsi le feu ne s'entretient dans un foyer que par l'arrivée continuelle de l'air, qui dissout le charbon. Plus la dissolution est abondante et rapide, plus la chaleur produite est élevée.

Voilà pourquoi le poêle chauffe tant lorsqu'il ronfle bien. L'air arrive en abondance par la grille et passe avec bruit à travers les charbons rouges. Mais, si l'on empêche l'air d'entrer en fermant la porte du cendrier, la chaleur baisse aussitôt.

Non seulement la chaleur baisse, mais le poêle finirait par s'éteindre s'il n'arrivait dans le fourneau absolument plus d'air.

Il faut de l'air au charbon et au bois pour brûler ; il en faut à tout combustible, si facile qu'en soit l'inflammation. Le soufre, le phosphore même de nos allumettes, sans air ne pourraient pas brûler.

En s'imprégnant de charbon dissous, l'air acquiert des propriétés nouvelles, tout comme l'eau en se chargeant de sucre ou de sel. C'est alors une substance nuisible, un *gaz* malfaisant, d'autant plus à craindre que rien n'en révèle la présence, car il n'a aucune odeur, aucune couleur. L'air ordinaire n'échappe pas mieux à nos sens.

Vient-on à respirer abondamment ce gaz redoutable, aussitôt le cerveau se trouble, la torpeur vous gagne, les forces défaillent, et la mort arrive promptement, si l'on n'est secouru.

Nous avons tous entendu parler de malheureux qui, par mégarde, quelquefois, hélas! à dessein, ont trouvé la mort dans une chambre close où brûlait un réchaud de charbon. L'air imprégné de charbon dissous est cause de ces lamentables accidents.

On comprend alors combien il importe de faire écouler au dehors, par une cheminée, l'air qui vient d'agir dans la combustion. S'il se répandait librement dans la pièce où l'on se trouve, surtout lorsque celle-ci est petite et bien close, cet air nous exposerait à de graves périls.

Méfions-nous surtout d'un réchaud de braise dans un appartement petit. Qu'elle soit bien ardente ou à demi éteinte, couverte de cendres ou non, cette braise donne un air mortel, qui n'annonce sa présence par rien de sensible et nous surprend toujours en traître. La mort peut survenir avant que le danger soit même soupçonné.

III

LE CHARBON DE BOIS

Quand il commence à brûler, le bois donne de la flamme et produit de la fumée. Puis il noircit, devient charbon et se consume en braise ardente presque sans flamme et sans fumée, qualité bien précieuse pour la propreté de nos cuisines.

Devenu charbon, le bois donne en outre une chaleur vive et de longue durée, qui nous dispense d'une surveillance pénible.

Il convient donc de convertir le bois en charbon pour l'usage des fourneaux de la cuisine. Or, comment faire pour opérer ce changement? — C'est tout simple : il faut, en brûlant le bois à demi, faire partir ce qui produit la flamme et la fumée.

Voici comment le préparent les charbonniers au milieu des forêts.

Sur un terrain battu ils construisent, avec quelques bûches plantées en terre, une sorte de cheminée, autour de laquelle ils rangent le bois par étages superposés. On ne prend de l'arbre abattu que les petites branches; le tronc et les grosses branches sont réservés pour d'autres usages, comme bois de chauffage ou bois de construction.

A la base du tas sont ménagées des ouvertures, des *évents,* pour l'arrivée de l'air. On couvre le tout d'une couche de terre et de mottes de gazon, en ne laissant libres que la cheminée centrale et les évents de la base. Enfin, avec des broussailles sèches, on met le feu au tas.

Il semble d'abord que tout ce bois va brûler en pure perte en ne laissant que des cendres. Mais, à cause de l'enveloppe de terre et de mottes de gazon, l'air n'arrive qu'avec difficulté.

Sans air, nous venons de le voir, toute combustion est impossible; avec peu d'air, la combustion marche lentement. Aussi, dans le tas enveloppé de terre, le feu ne gagne que peu à peu, et le bois ne se consume qu'à demi.

D'ailleurs, si le feu se propage trop vite, les charbon-

La préparation du charbon.

niers se hâtent de boucher avec des mottes de gazon quelques soupiraux de la base, et au besoin tous. Quand ils jugent que la meule est bien ardente dans toutes ses parties, ils étouffent le feu avec de la terre et laissent l'amas se refroidir.

Le tas est alors démoli. A la place du bois primitif, il ne contient plus que du charbon. Les quelques morceaux dont la combustion n'a pas été assez complète se reconnaissent à leur couleur rousse, et forment les *fumerons* qui se rencontrent de temps à autre parmi le charbon.

On appelle *fumerons* ces mauvais morceaux de charbon, si désagréables par la fumée qu'ils répandent. On les retire du fourneau pour les jeter dans l'âtre de la cheminée.

Le meilleur charbon s'obtient avec le meilleur bois, par conséquent avec le bois de chêne.

IV

LA HOUILLE, LE COKE

Si je commençais ainsi : « Il y avait une fois un roi et une reine; » si je faisais intervenir, dans un conte imaginé à plaisir, un ogre avide de chair fraîche, et une fée bienfaisante voiturée sur l'onde, dans une coquille de nacre, par un attelage de poissons rouges, j'ai la ferme conviction que, aussitôt attentifs aux aventures de l'ogre et de la fée, vous ne me laisseriez pas de repos que le conte ne fût fini.

Or, enfants, la réalité des choses peut offrir à votre curiosité un aliment tout aussi merveilleux; et de plus, elle nourrit l'esprit de connaissances utiles. La *houille*, ou charbon de terre, dont je vais ébaucher l'histoire, en est un exemple entre mille.

La houille provient des végétaux, aussi bien que le charbon ordinaire, dont vous connaissez maintenant la préparation au milieu des bois. Mais les charbonniers ne la font pas; les mineurs vont la chercher toute faite dans les entrailles de la terre, à de grandes profondeurs. Et voilà pourquoi la houille s'appelle aussi *charbon de terre*.

Parlons un peu de ce charbon de terre. Que pourrait-on choisir, en apparence, de plus humble et de moins digne de votre attention que cette pierre noire ? Et cependant il y a à dire sur son compte les choses les plus étonnantes.

D'abord le charbon de terre, tout noir, tout sale, tout

obscur, est le frère du diamant, la somptueuse pierre précieuse qui, pour l'éclat, n'a rien de pareil au monde. Le diamant est du charbon, ni plus ni moins que la houille.

Oui, du charbon et rien de plus; mais du charbon parfaitement pur et cristallisé. De cette pureté et de cette cristallisation résultent sa transparence et son vif éclat. Je vous disais bien que la houille avait à nous apprendre les choses les plus étonnantes.

De plus, ce morceau de pierre noire a vécu; il a fait partie, il y a des milliers de siècles, bien avant l'existence de l'homme, d'arbres élégants comme on n'en trouverait aujourd'hui que dans les pays les plus favorisés du soleil.

Ce morceau de pierre noire a vécu. En voici la preuve : en général, la houille est une masse informe, qui ne laisse pas soupçonner son origine; mais fréquemment elle renferme, parfaitement reconnaissables, des végétaux convertis en charbon.

Certaines assises de houille sont en entier formées d'un entassement de feuilles, serrées l'une contre l'autre en bloc compact, et conservant, malgré leur conversion en charbon, tous les détails de leur délicate structure.

Voici en image quelques-uns de ces fragments de houille. Ne sont-ce pas là de gracieuses feuilles? Comme elles sont joliment appliquées sur la pierre noire ! On dirait qu'on les a découpées dans une très mince plaque de charbon. Ce sont là des restes de forêts si vieilles, si vieilles, qu'il n'existait encore aucun animal pour les habiter.

Quand vivaient les plantes dont vous avez sous les yeux un débris, la terre était couverte d'une puissante végétation, sans exemple en notre temps. Cette végétation, enfouie par les bouleversements du sol et convertie en charbon par une longue suite de siècles, est devenue d'énormes amas de houille, que le mineur va maintenant chercher sous terre.

La houille, combustible à bon marché et donnant une

chaleur ardente, est, pour ainsi dire, l'âme de l'industrie moderne.

C'est elle qui fait mouvoir la locomotive des chemins

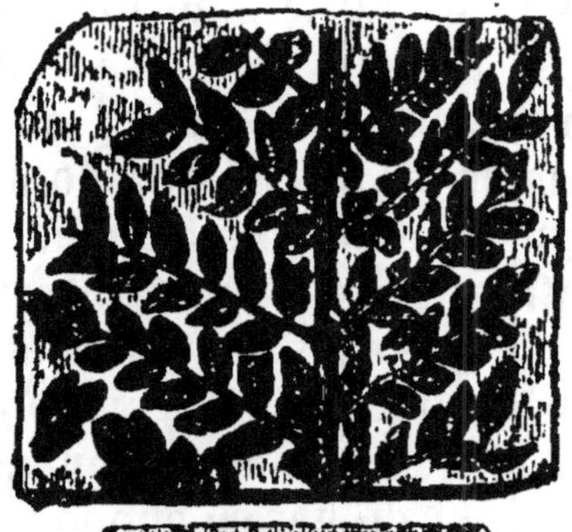

Débris végétaux de la houille.

de fer, traînant à sa suite une longue file de wagons ; c'est elle qui permet aux navires de braver les vents et les tempêtes ; c'est elle qui alimente les foyers à haute cheminée de nos usines ; c'est elle qui, pour le préparer à être façonné, ramollit le fer dans la forge du serrurier, du maréchal, du forgeron ; c'est à l'aide de sa chaleur que se travaillent les métaux, que se fabriquent nos instruments, nos outils, nos étoffes, nos poteries, notre verrerie, et une foule innombrable d'objets des plus nécessaires.

La forge.

Qui ne serait frappé de cette végétation des anciens âges amassant en dépôt, dans les entrailles du sol, ces précieuses assises de charbon, qui reparaissent aujourd'hui de dessous terre pour donner le mouvement à nos machines et devenir un des éléments les plus actifs de la civilisation ?

Tout n'est pas dit encore sur le compte du charbon de terre. Outre la chaleur, la houille nous fournit la lumière. —

Les villes sont éclairées avec des candélabres où ne brûle ni huile, ni mèche, mais un jet de gaz dont la combustion produit une magnifique flamme blanche.

On obtient ce gaz en chauffant de la houille au rouge dans de grands fourneaux en fonte, sans communication avec l'air. Ainsi privée d'air, la houille ne peut brûler, elle se décompose en donnant du gaz en abondance.

Des canaux disposés sous terre conduisent ce gaz de l'usine dans tous les quartiers et le distribuent aux divers candélabres.

La nuit venue, on ouvre les robinets; le gaz s'écoule, prend feu à l'approche d'une petite lanterne allumée, et la flamme éclairante aussitôt jaillit.

Ce qui reste dans les fourneaux après la fabrication du gaz de l'éclairage est une sorte de charbon nommé *coke*. Sa couleur est d'un gris de fer et son éclat est presque métallique.

Usine à gaz.

Le coke développe beaucoup plus de chaleur que le meilleur charbon de bois; mais il est d'une combustion difficile, et, pour bien brûler, il doit être abondamment entassé et sous l'influence d'un bon courant d'air.

Le chauffage domestique l'utilise pour les poêles, et surtout pour les grilles. Il a sur le charbon de terre l'avantage de ne pas donner de fumée et d'être ainsi moins salissant. Le coke est par rapport à la houille ce que le charbon ordinaire est par rapport au bois. Il contient ce que contenait la houille, moins les matières à flamme et à fumée.

En même temps que le gaz, il se dégage des fourneaux où l'on chauffe la houille une matière noire, visqueuse, infecte, que l'on nomme *goudron*.

De cette affreuse poix, qu'on ne saurait toucher sans les plus laides souillures, l'industrie sait retirer aujourd'hui ce qu'elle produit de plus frais, de plus beau, de plus gai au regard.

Les splendides couleurs des soieries et des indiennes, les plus riches teintes de nos rubans, se préparent avec des matériaux fournis par le goudron.

La vulgaire houille, avec ses pauvres apparences, touche ainsi aux grandes magnificences de ce monde : d'une part au diamant, dont elle a la nature, et d'autre part aux fleurs, dont elle imite et dépasse le coloris.

Je vous le demande maintenant : la fée à conque de nacre et attelage de poissons rouges accomplirait-elle des merveilles plus grandes ? La réalité de l'histoire n'est-elle pas supérieure aux rêves d'un conte ?

V

LES MÉTAUX, LE FER

En quoi sont ces chaudrons qui, rangés sur les étagères de la cuisine, lancent de si beaux reflets de lumière rouge ? — Ils sont en cuivre.

La pelle, les pincettes, les chenets du foyer, sont en fer. L'arrosoir du jardin est en zinc. Le tuyau de la pompe, les balles des fusils sont en plomb. Cette pièce de monnaie est en argent ; celle-ci est en or.

On dit du cuivre : c'est un métal ; on dit du fer : c'est un métal ; on dit du zinc, du plomb, de l'argent, de l'or : ce sont des métaux.

Le nombre des métaux est d'une cinquantaine environ; mais bien peu sont d'un emploi général. Les plus usités sont ceux dont on vient de citer les noms, savoir : le fer, le cuivre, le zinc, le plomb, l'argent et l'or.

Les métaux varient beaucoup, de l'un à l'autre, pour la couleur, le poids, la sonorité, la dureté; mais il y a quelque chose qui se retrouve dans tous sans exception : c'est un brillant particulier, appelé *éclat métallique*.

Le cuivre est rouge, l'or est jaune; les autres métaux sont blancs, avec une légère nuance particulière à chacun.

Les métaux ne se font pas; en certains pays, on les trouve tout faits, mélangés avec la pierre. Ce sont des substances qu'il n'est pas au pouvoir de l'homme de fabriquer.

Nous les utilisons telles que nous les trouvons

Intérieur d'une mine.

dans le sein de la terre, mais tout notre savoir et toute notre habileté ne peuvent les produire.

Aux points où des métaux se trouvent, on creuse dans le roc de profondes galeries. Là, des ouvriers appelés mineurs attaquent le roc à grands coups de pic, tandis que d'autres apportent au dehors les blocs détachés. Ces blocs de pierre où le métal se trouve se nomment *minerai*.

Dans des fours faits exprès, on chauffe le minerai à un feu d'une grande violence. La chaleur d'un poêle tout rouge n'est rien en comparaison. Le métal se fond, coule et se sépare du reste.

Parlons d'abord du fer, pour nous la plus utile des matières minérales, car sa dureté en fait la matière par excellence de l'outil, indispensable à tout art, à toute industrie. Sans le fer, nous en serions encore à la hutte de terre glaise et de branchages.

Réfléchissons, en effet, un instant, et nous verrons qu'à peu près tout, dans une maison, a exigé l'intervention du fer. Et d'abord, pour construire nos habitations, il faut des pierres, que l'on extrait de la carrière avec des pics et des leviers en fer, et que l'on taille régulièrement avec des ciseaux et autres instruments en fer.

Les poutres et les solives de la charpente proviennent d'arbres abattus avec des cognées en fer ; on les équarrit, on les façonne, on les assemble à l'aide d'une foule d'outils en fer.

Aucun de nos meubles ne serait possible sans ce métal : il faut la scie pour diviser le bois en planches ; la varlope pour dégrossir les surfaces ; le rabot pour les

La charrue pour le grand travail des champs.

polir ; il faut le vilebrequin, la tarière pour percer les trous qui doivent recevoir les chevilles d'assemblage.

Notre nourriture ne réclame pas moins impérieusement le fer. Il faut la bêche, la houe, le râteau, pour le travail du jardin, qui nous donne les légumes ; il faut le soc de la charrue pour le grand travail des champs, qui nous donne le pain.

L'habillement ne peut, non plus, s'en passer. C'est avec le fer que la toison est coupée sur le dos du mouton, avec le fer qu'elle est cardée et filée, avec des machines où le fer entre pour une bonne part qu'elle est tissée en étoffes.

Le plus délicat de nos tissus, un ruban, une dentelle, une gaze, demande pour sa fabrication le concours de cette dure substance, le fer.

C'est avec le fer que la toison est coupée.

Ne faut-il pas enfin l'aiguille pour la moindre couture, l'aiguille si fine, si pénétrante, que rien ne pourrait suppléer. Sans l'aiguille, nous devrions recourir à l'expédient des peuplades qui trouent les peaux destinées au vêtement avec une arête de poisson et passent dans les trous, en guise de fil, l'intestin desséché de quelque animal.

Le minerai de fer est une pierre jaune ou rougeâtre, de très pauvre aspect, sans apparence de métal.

Le fourneau pour le minerai de fer.

Le fourneau dans lequel on le travaille est une espèce de haute tour, renflée vers le bas, rétrécie aux deux extrémités et mesurant au moins dix mètres, quelquefois vingt, d'élévation Par l'orifice supérieur, appelé du nom expressif de *gueulard*, c'est-à-dire grande gueule, on verse à pleins tombereaux du charbon et des fragments de minerai. Une fois allumé, le feu marche sans interruption, de nuit comme de jour, jusqu'à ce que la maçonnerie soit détruite par la violence du feu.

Des ouvriers sont continuellement occupés à charger le gueulard de combustible et de minerai, à mesure que la matière s'affaisse ; d'autres, au pied du fourneau, surveillent la fusion.

D'énormes machines soufflantes lancent sans cesse de l'air au bas de la masse embrasée par un gros canal nommé *tuyère*. Ce qui passe d'air dans ce canal, ce n'est pas un souffle : c'est une tempête, un ouragan à vous rendre sourd.

Si l'on jette un regard par le trou d'entrée de la tuyère, on aperçoit comme un enfer éblouissant, d'où jaillissent de terribles lueurs. Dans ce brasier les pierres fondent comme beurre, le fer quitte les matières qui l'accompagnent et tombe en gouttes ardentes dans un réservoir ou *creuset* situé au bas du fourneau.

Quand le creuset est plein, on ouvre un passage jusque-là maintenu fermé avec un tampon d'argile, et le fer liquide s'écoule en un ruisseau de feu dans des rigoles pratiquées dans le sol.

Le métal ainsi obtenu est du fer impur et s'appelle *fonte*. On coule la fonte dans des moules pour obtenir des poêles, des grilles, des marmites, des plaques de cheminée, des tuyaux de conduite pour le gaz de l'éclairage et une foule d'autres objets.

Quoique très dure, la fonte est cassante ; elle se rompt aisément par le choc ; aussi ne vaut-elle rien pour fabriquer les objets, les outils qui doivent supporter de grands efforts : le fer seul possède la résistance nécessaire.

Pour épurer la fonte et la convertir en fer, on la chauffe dans d'autres fourneaux. Quand elle est toute rouge et ramollie, on la martelle avec un bloc de quelques milliers de kilogrammes, qui monte, soulevé par une machine, puis retombe de tout son poids. A chaque coup de ce monstrueux marteau, ce qui n'est pas fer s'échappe de la fonte et ruisselle en sueur de feu.

Après ce martelage, la masse est saisie entre deux cylindres tournant en sens inverse l'un au-dessus de l'autre, à une petite distance. Entraînée dans leur mouvement et aplatie par leur indomptable pression, elle devient en un clin d'œil une régulière barre de fer.

Voyez sur l'image : à gauche est le marteau colossal qui, mû par la vapeur, monte, retombe et bat sur une enclume la masse de fonte qu'un ouvrier lui présente toute rouge. A droite sont les cylindres, entre lesquels le bloc de fer épuré s'aplatit, s'allonge, et se convertit en barre.

Des ciseaux reprennent la barre pour la diviser en morceaux d'égale longueur. Dans ces merveilleuses usi-

L'usine où se travaille le fer.

nes, où l'industrie déploie toute sa puissance pour travailler le fer, il y a des ciseaux qui, sans la moindre apparence d'effort, tranchent net, à chaque coup, une barre de fer, serait-elle grosse comme la jambe. Avec nos ciseaux ordinaires, nous ne couperions pas plus aisément une paille.

Il est bien entendu que de pareils ciseaux ne se manœuvrent pas d'une main, ni des deux à la foix. Une machine les fait mouvoir. Tandis que l'une des mâchoires de cet outil reste immobile sur un appui, l'autre va et revient tout paisiblement, sans bruit, et tranche, chaque fois qu'elle s'abaisse, la barre de fer qu'un ouvrier lui présente.

VI

L'ACIER

Aux précieuses qualités du fer, l'homme sait, par son art, en ajouter d'autres non moins importantes. Ce métal supporte très bien le choc sans s'écraser, il résiste aux violents efforts sans se rompre ; mais il n'a pas une dureté suffisante pour la plupart de nos outils, destinés à couper, tailler, scier, raboter, limer.

Il ne convient ni pour le couteau, le canif, le rasoir, ni pour la hache, la scie, la faux, la serpe et tous les instruments analogues, car il fléchit et s'émousse trop facilement. On lui communique la dureté par la conversion en *acier* et la *trempe*.

L'acier n'est autre chose que du fer intimement associé avec une très faible proportion de charbon. La manière la plus simple de l'obtenir consiste à chauffer de l'excellent fer au milieu de charbon en poudre dans des caisses de briques pouvant supporter une forte chaleur.

L'acier acquiert sa dureté par la trempe. Tremper l'acier, c'est le chauffer, puis le refroidir brusquement en le plongeant dans de l'eau froide. Plus la température est élevée et le refroidissement brusque, plus l'acier devient dur.

Avant cette régulière opération, il différait à peine du fer ordinaire sous le rapport de la dureté ; après la trempe, il est si dur qu'il peut raboter le fer lui-même.

L'amélioration du fer destiné aux outils tranchants s'obtient ainsi en deux opérations distinctes. Dans la première, le fer devient acier en se pénétrant d'une très petite quantité de charbon; dans la seconde, ou la trempe, la dureté se développe par un brusque passage de la chaleur au froid.

Mais le fer pur chauffé autant qu'on le voudra, puis plongé dans l'eau froide, n'acquiert aucune nouvelle propriété. Il est après ce qu'il était avant, ni plus dur ni moins dur. L'acier seul a la remarquable propriété de durcir par la trempe. Sans l'action préalable du charbon, on n'arriverait donc à rien de satisfaisant.

La trempe ne se borne pas à rendre l'acier dur; elle le rend en même temps fragile, et d'autant plus que le métal a été chauffé plus fortement et refroidi plus vite. L'acier bien trempé est très dur; mais, par une fâcheuse compensation, il est aussi très cassant.

Certains instruments de chirurgie, les lancettes et autres, qui exigent une forte trempe pour acquérir un tranchant supérieur à celui de nos instruments ordinaires, se brisent avec la facilité du verre. A un moindre degré, nos couteaux, nos canifs ont un pareil inconvénient: par un choc, un effort en travers, leurs lames cassent.

Il semble d'abord que l'acier ne devrait pas casser, puisqu'il est si dur. Vous serez d'un autre avis si vous voulez bien m'écouter encore un peu.

La dureté est le degré de résistance qu'un corps oppose à être entamé, rayé, usé par un autre. De deux corps frottés l'un contre l'autre, le plus dur est celui qui entame; le moins dur est celui qui est entamé.

L'acier, qui rabote, qui lime le fer, est plus dur que le fer. Mais le verre est plus dur que l'acier, car il l'entame sans être entamé lui-même. Avec un morceau de verre on peut rayer la lame d'un canif; avec la lame d'un canif on ne peut rayer le verre.

Le diamant, à son tour, est plus dur que le verre, puisqu'il raye le verre, et que le verre ne peut le rayer. Du reste, le diamant est le plus dur de tous les corps connus; il raye tous les corps, il n'est rayé par aucun. Les vitriers mettent à profit cette extrême dureté: ils découpent leurs carreaux de vitre avec une pointe de diamant enchâssée dans la tête d'un petit outil.

Cependant le diamant se brise avec facilité, et celui-là serait bien mal avisé qui soumettrait la précieuse pierre au choc d'un marteau sur une enclume. Au premier coup, il n'aurait qu'un peu de poussière, désormais sans valeur.

On voit donc que la dureté et la fragilité sont fréquemment réunies. L'acier est très dur, le verre est plus dur encore, le diamant est la plus dure des matières ; tous les trois néanmoins sont fragiles.

Avec l'acier se font tous nos instruments tranchants, couteaux, canifs, rasoirs, haches, ciseaux de menuisier et lames de rabot. Le médecin lui doit ses lancettes, ses scalpels, ses bistouris ; l'agriculteur ses faux, ses faucilles, ses serpes ; la couturière et le tailleur leurs aiguilles ; l'écrivain, l'écolier, leurs plumes métalliques ; le charpentier, la scie ; le serrurier, la lime.

L'aiguille du tailleur.

Considérez une des plus fines aiguilles de la couturière ; examinez-en la pointe acérée, l'œil tellement petit qu'on le voit à grand'peine ; enfin le poli, le brillant. Ne dirait-on pas que le mignon outil, si parfait dans sa petitesse, doit exiger, pour être fabriqué, les doigts d'une fée plutôt que les lourdes mains de l'homme ?

Ce sont cependant de robustes ouvriers, aux doigts noueux, noircis à la forge, qui font ce travail délicat entre tous. Et combien se mettent-ils à l'œuvre pour obtenir une aiguille, une seule ? Pour la fabrication d'une aiguille, il faut le concours d'une centaine d'ouvriers, qui tous ont leur travail spécial. Néanmoins, le prix moyen d'une aiguille est d'un centime environ.

Un travail très délicat aussi est celui des limes. Vous avez pu voir, chez le serrurier, avec quelle facilité les limes entament le fer et le font tomber en une poussière nommée limaille. Ce pouvoir d'attaquer le fer, elles le doivent à l'extrême dureté de l'acier qui les compose et aux vives arêtes dont elles sont hérissées.

Eh bien, ces arêtes si nombreuses, si régulièrement rangées à côté l'une de l'autre, parfois en deux séries qui se croisent, s'obtiennent une à une au moyen d'un poinçon avec lequel l'ouvrier laboure la surface de la lime avant qu'elle soit trempée. Quand ce délicat travail est fini, la lime est soumise à une forte trempe, qui lui communique une dureté excessive, mais du même coup la rend très fragile.

VII

LE CUIVRE, LE ZINC

Avec le cuivre, si remarquable par sa belle couleur rouge, se fabriquent des vases de toute forme, de tout usage, notamment des ustensiles de cuisine, casseroles et chaudrons.

Le travail se fait uniquement au marteau. Le bloc de cuivre venu du fourneau de fusion est mis sous le *martinet,* sorte de marteau d'un poids énorme, mis en mouvement par une roue que l'eau fait tourner. Par le choc longtemps répété de la pesante masse, le bloc de métal s'amincit peu à peu et se creuse en un bassin grossier.

Le *chaudronnier* continue le travail. Il prend le bassin informe; à petits coups de marteau, il le façonne sur l'enclume et lui donne une forme régulière. Voilà pourquoi, dans leurs ateliers, les chaudronniers sont continuellement occupés à frapper, à marteler : ils amincissent le cuivre dégrossi par le martinet, ils le façonnent en casseroles et en chaudrons.

Les ustensiles de cuivre doivent être de notre part l'objet d'une surveillance attentive, parce qu'ils se couvrent facilement d'une rouille appelée *vert-de-gris* à cause de sa couleur d'un vert sombre. Le vert-de-gris est un poison.

Les ustensiles de cuisine.

Pour empêcher les ustensiles de cuivre de se couvrir de cette rouille vénéneuse, on les *étame*, c'est-à-dire qu'on les recouvre à l'intérieur d'une mince couche d'étain.

Vous connaissez ces *étameurs* ambulants, à noire mine, qui, un chaudron sur l'épaule, une poignée de vieilles fourchettes à la main, circulent dans les rues, criant leur industrie. Dans un atelier en plein air, sur quelques charbons allumés, ils blanchissent les couverts rouillés, ils étament les chaudrons et les casseroles.

Les étameurs ambulants

Sur la pièce bien propre et chaude, de l'étain fondu est frotté avec un tampon d'étoupe. L'étain pénètre un peu dans le cuivre, fait corps avec lui et le couvre d'une mince enveloppe que le frottement ne peut enlever. Tel est le travail de l'étamage, qui nous préserve des effets vénéneux du cuivre.

On revêt de plaques de cuivre la partie des navires plongée dans l'eau, afin de préserver le bois de l'attaque d'un coquillage, le *taret,* qui s'y loge en le criblant de trous.

Pour varier la coloration et les autres qualités des métaux, au lieu de les employer toujours seuls, on les associe souvent deux à deux, trois à trois ou même davantage. On les fait fondre ensemble, et le tout constitue une sorte de métal nouveau, différent des métaux qui entrent dans sa com-

Le doublage en cuivre des navires.

position. La matière métallique qui résulte de l'association de plusieurs métaux se nomme *alliage.*

Ainsi, en faisant fondre ensemble du cuivre et une espèce de métal blanc appelé zinc, celui-là même avec lequel sont faits les arrosoirs pour les jardins, on obtient le *laiton,* qui n'a pas la couleur rouge du cuivre ni la couleur blanche du zinc, mais le beau jaune de l'or. Le laiton, nommé aussi *cuivre jaune,* est donc un alliage de cuivre et de zinc.

Le laiton sert à la fabrication de divers instruments de musique : clairons, cornets, trompettes, ophicléides, trombones. Il est employé pour les boutons, les épingles, la bijouterie fausse, les jouets d'enfants, les lampes, les chandeliers, les flambeaux, les garnitures de meubles et une foule d'autres objets.

Après le fer, le laiton est le métal dont l'usage est le

plus fréquent. Mais il est banni des usages de la cuisine, parce que les deux métaux qui le composent, le cuivre et le zinc, sont l'un et l'autre vénéneux.

Fondu avec de l'étain, le cuivre donne le *bronze,* qui varie de composition suivant les usages auxquels il est destiné. Le bronze des cloches, dont la qualité dominante doit être une grande sonorité, se compose environ de quatre parties de cuivre pour une partie d'étain.

Les instruments de musique.

Le bronze des canons, qui doit offrir une grande résistance à l'épreuve de l'explosion, renferme plus de cuivre et moins d'étain, neuf parties du premier métal pour une du second.

Le bronze des médailles, qui supporte sans se rompre, pour recevoir l'empreinte, le choc

La cloche.

violent d'un moule en acier gravé, contient moins d'étain encore.

Avant la connaissance du fer, le bronze servait à la

fabrication des outils et des armes. Il fut un temps où l'homme ne possédait pour outils de sa naissante industrie que des pierres dures, des cailloux grossièrement façonnés.

Avec un caillou tranchant emmanché au bout d'un bâton, avec sa hache de pierre, il lui fallait se procurer la nourriture, le vêtement, la hutte, et se défendre des bêtes féroces.

Le vêtement était une peau jetée sur le dos ; la demeure, une case faite avec des branches courbées et de la boue ; la nourriture, un morceau de chair, produit de la chasse. Les animaux domestiques étaient inconnus ; la terre ne recevait aucune culture.

Le métal vint longtemps après, non le fer ; mais le bronze, d'un travail plus facile. La hache de bronze, en particulier, était une sorte de coin dont la tête carrée était creusée d'une cavité pour recevoir le bout recourbé d'un manche, auquel l'instrument se fixait en outre au moyen d'un fort lien en boyau, passé dans un anneau latéral.

L'antique hache en bronze.

En dernier lieu, après de bien longs tâtonnements causés par la difficulté du travail, vint le fer, supérieur à tous les métaux comme matière de l'arme et de l'outil.

Pour terminer, disons quelques mots du zinc, que nous venons de voir entrer dans la fabrication du laiton. Son emploi, comme métal de vulgaire usage, date seulement de ce siècle. Il est d'un blanc bleuâtre.

A l'état de feuilles, il sert pour les toitures, les gouttières, les baignoires, les arrosoirs. On en fait divers objets d'ornement, des chandeliers, des candélabres, qui reçoivent après une peinture imitant le bronze. Mais il ne peut entrer dans les ustensiles de cuisine, puisqu'il s'altère facilement et donne une rouille malfaisante.

VIII

L'ARGENT, L'OR, LES MONNAIES

L'argent est le plus blanc des métaux. Il se trouve, mais non toujours, à l'état pur, et il forme alors, dans la roche qui le contient, de menus filaments ramifiés.

L'éclat de ce métal et son inaltérabilité à l'air n'ont pu manquer d'attirer l'attention des premiers observateurs ; aussi l'argent est-il l'un des métaux les plus anciennement connus.

L'air et l'humidité ne le rouillent pas, qualité qui lui fait prendre rang parmi les métaux précieux et lui donne sa valeur comme matière monétaire. Mais il noircit au contact des œufs gâtés et aux émanations puantes du gaz d'éclairage et des fosses d'aisances. Les taches brunes qui se forment parfois sur l'argenterie n'ont pas d'autre cause.

L'or ne se rouille jamais. C'est ainsi que les monnaies des peuples les plus anciens, monnaies qui nous parviennent après des mille ans de séjour dans la terre, sont aussi luisantes que si leur fabrication datait seulement de la veille.

Puisqu'il est doué d'une pareille résistance à l'altération, l'or doit donc se trouver et se trouve en effet toujours avec ses propriétés métalliques, notamment avec son éclat.

Au sein des roches où il est disséminé, dans son minerai enfin, il forme des écailles, des veines, parfois de gros morceaux, qui reluisent comme les bijoux de l'orfèvre. Nos boucles d'oreilles, nos bagues, précieusement conservées dans un écrin, n'ont pas plus d'éclat que les parcelles de ce métal enchâssées dans la pierre.

Tel qu'on le recueille, l'or peut servir immédiatement ; on n'a qu'à le marteler et à le façonner. Aussi, parmi les métaux, a-t-il été le premier que l'homme ait remarqué et employé. Il a de beaucoup devancé le fer, et faute de mieux, quelques peuples l'utilisèrent d'abord pour la fabrication de bien des outils.

Oui, mes enfants, l'or que nous réservons pour les bijoux et la monnaie, l'or, symbole de la richesse, a dans quelques pays tenu la place du fer, qu'il est bien loin de valoir sous le rapport de la réelle utilité.

Lorsque l'Amérique fut découverte — il y aura bientôt quatre cents ans — les Indiens étaient en possession de l'or, avec lequel ils fabriquaient divers objets d'un usage commun. Mais le fer était inconnu, quoique très abondant dans ce pays comme partout. Cela provient de ce que le fer, dans la nature, n'est jamais pur, mais converti en une rouille où il est bien difficile de reconnaître un métal.

Les Indiens voyaient donc pour la première fois le fer entre les mains des Européens, et ils ne se lassaient pas d'en admirer les incomparables qualités. Leurs mauvais outils d'or, entamant à grand'peine le bois, étaient à leurs yeux de moindre valeur que les solides et tranchantes cognées des étrangers.

Aussi des échanges ne tardèrent pas à se faire, à la commune satisfaction des deux parties : l'Européen donnait sa hache de fer, l'Indien donnait, troc pour troc, son outil d'or.

Le plus satisfait des deux était encore l'Indien. La cognée de fer obtenue, il se retirait à la hâte avec son trésor, de peur que l'Européen ne revînt sur l'échange. En réalité, le marché était pour lui très avantageux.

Avec la hache de fer il pouvait abattre des arbres pour la construction des pirogues et des habitations ; et pouvait mieux se défendre des animaux féroces et attaquer le gibier à la chasse.

Ce morceau de fer lui donnait des vivres assurés, une solide barque, une chaude demeure, une arme redoutable. En comparaison, l'outil d'or n'était qu'un insignifiant joujou.

Après ce récit, si le désir vous vient de faire une cargaison de cognées et d'aller les échanger dans les îles pour des haches en or, on doit vous avertir qu'à notre époque de semblables échanges ne se font plus. Le fer est maintenant à peu près en usage partout, et l'or est réservé pour les objets précieux.

L'or, l'argent et le cuivre servent à faire les *monnaies*. Comme par eux-mêmes l'or et l'argent n'ont pas assez de dureté pour résister à des frottements continuels et conserver longtemps l'empreinte monétaire, on les durcit en leur associant une petite quantité de cuivre. Quant aux pièces de bronze, elles contiennent beaucoup de cuivre, un peu d'étain, et un peu de zinc.

Pour les trois genres de pièces, la fabrication est absolument la même. Le métal monétaire est d'abord réduit en lames d'une épaisseur convenable, puis ces lames sont découpées en rondelles, appelées *flans*.

Ces rondelles doivent être chacune d'un poids précis : tant pour l'or, tant pour l'argent, tant pour le bronze. On les pèse donc une à une dans de très petites balances. Celles dont le poids est exact — et ce sont les plus nombreuses — tant l'épaisseur de la lame a été soigneusement réglée, sont mises à part.

Celles dont le poids est trop fort sont soumises à une machine qui les rabote légèrement et leur enlève de fins copeaux jusqu'à ce qu'elles soient descendues au poids voulu. Celles qui sont trop légères sont reportées à la fonderie pour être de nouveau réduites en lames.

Le poids étant ainsi reconnu exact, les flans sont frappés au *balancier*, pour recevoir l'empreinte à la fois sur les deux faces.

Le balancier se compose d'un grand écrou en cuivre dans lequel joue une forte vis en fer. Cette vis se prolonge en haut par une tige verticale, dont l'extrémité porte, en travers, une solide barre alourdie à chaque bout par une pesante boule de métal. La forme générale de la machine est donc celle d'un T.

Une douzaine d'ouvriers, six lançant avec des cordes

la boule de droite, six lançant la boule de gauche, font descendre brusquement la vis dans son écrou.

Dans sa descente, l'extrémité de cette vis vient frapper d'un coup violent une pièce d'acier, nommée *coin*, où se trouve gravé en creux le dessin d'une face de la pièce. Un second *coin*, avec le dessin de l'autre face, est au-dessous, reposant sur un appui inébranlable. Entre les deux est la rondelle de métal encore toute lisse.

Sous le choc énorme de la vis qui descend, le flan est comprimé entre les deux coins et en reçoit à la fois l'empreinte sur les deux faces. Ainsi s'obtiennent toutes les pièces, en or, en argent, en bronze, indifféremment.

Les monnaies sont frappées, sous la haute surveillance de l'État, dans des établissements nommés *Hôtels des monnaies*.

IX

LA MER

Ceux qui n'ont pas vu la mer ignorent l'une des grandes magnificences de ce monde. Oh ! oui, c'est bien beau, la mer. Si jamais, à l'ombre du feuillage gris de l'olivier où chante la cigale, vous pouvez plonger le regard dans la plaine bleue de la Méditerranée ; si jamais, du haut d'une falaise, vous voyez à vos pieds rouler les flots verts de l'Océan grondeur, vous serez certainement de mon avis.

Si l'on fait quatre parts égales de la surface entière du globe terrestre, la terre ferme occupe environ une de ces parties, et l'ensemble des mers occupe les trois autres. Jetez les yeux sur une mappemonde, sur un globe géographique, et vous verrez combien l'ensemble des mers est plus étendu que l'ensemble des terres.

Or, que voit-on en mer ? Au-dessus de sa tête on voit

le ciel comme ici, autour de soi un grand rond bleu, et par delà plus rien. On avance, on fait des lieues et des lieues, et l'on est toujours au centre du rond bleu des eaux comme si l'on ne changeait pas de place.

La forme courbe de la terre, et par conséquent des mers qui la recouvrent en majeure partie, est cause de cette apparence. L'œil n'embrasse qu'une fort petite étendue de la mer, étendue bornée par une ligne circulaire sur laquelle paraît s'appuyer la voûte du ciel; et, comme le rond des eaux se renouvelle en gardant le même aspect à mesure que l'on avance, il semble qu'on reste immobile au centre d'un cercle où se confondent le bleu du ciel et le bleu de la mer.

Cependant, à force d'avancer, on aperçoit comme une petite fumée grise sur la ligne qui borne la vue : c'est la terre qui commence à se montrer. Encore une demi-journée de marche et la petite fumée grise sera devenue les rochers de la côte, les hautes montagnes de l'intérieur.

Sous la mer, qu'y a-t-il? Sous la mer, il y a le sol, de même que sous les eaux d'un lac ou d'un simple ruisseau. Le sol sous-marin est accidenté tout autant que la terre ferme. En certains points il est creusé de gouffres dont on trouve à grand'peine le fond; en d'autres, il est hérissé de chaînes de montagnes dont les plus hautes cimes dépassent le niveau des eaux et forment des îles; en d'autres encore, il s'étend en vastes plaines ou se dresse en plateaux. Mis à sec, il ne différerait pas des continents.

Pour mesurer la profondeur des eaux on jette à la mer un boulet attaché à l'extrémité d'un très long cordon; la quantité de cordon déroulée par le boulet dans sa chute indique la profondeur de l'eau.

La plus grande profondeur de la Méditerranée paraît être entre l'Afrique et la Grèce. Dans ces parages, pour toucher le fond, le boulet dévide de 4,000 à 5,000 mètres de cordon. Cette profondeur équivaut à la hauteur de la montagne la plus élevée de l'Europe, à la hauteur du mont Blanc; de sorte que, si le colosse de pierre était situé dans ce gouffre, sa plus haute cime atteindrait à peu près à la surface des eaux.

Dans l'Atlantique, au sud du banc de Terre-Neuve, lieu par excellence de la pêche de la morue, la sonde accuse 8,000 mètres environ. Les plus hautes montagnes du monde, situées vers le centre de l'Asie, ont 8,840 mètres d'altitude. Ces montagnes-là dépasseraient en ce point de l'Atlantique le niveau des eaux et formeraient des îles de 840 mètres d'élévation. Enfin, dans les mers avoisinant le pôle Sud, la profondeur est plus grande encore.

Entre ces abîmes épouvantables et la rive où la couche d'eau peut se réduire à un travers de doigt d'épaisseur, tous les degrés intermédiaires se présentent, tantôt d'une manière graduelle, tantôt brusquement, suivant la configuration du sol sousmarin.

Les vagues de la mer.

Sur tel rivage, la mer croît en profondeur avec une extrême rapidité. Le rivage est alors le haut d'un escarpement dont la mer occupe le fond. Sur tel autre, elle croît peu à peu, et il faudrait se porter au large à de grandes distances pour trouver quelques mètres d'eau. Le lit est alors une plaine à pente insensible, continuation de la plaine terrestre.

La profondeur moyenne des mers paraît être de 6 à 7 kilomètres, c'est-à-dire que, si toutes les égalités sous-marines disparaissaient pour faire place à un lit régulier, comme le fond d'un bassin bâti de main d'homme, les mers, tout en conservant en superficie l'étendue qu'elles ont, posséderaient une couche d'eau uniforme de 6,000 à 7,000 mètres d'épaisseur.

Avec les trois quarts du globe terrestre pour superficie et 6 à 7 kilomètres d'épaisseur moyenne, la quantité des eaux de la mer doit être immense. Essayons de faire comprendre cette immensité.

Le plus grand fleuve de la France est le Rhône. Dans les fortes crues, lorsque ses eaux limoneuses forment d'une rive à l'autre une nappe à perte de vue, il fournit environ cinq millions de litres d'eau par seconde. Eh bien, s'il conservait toujours cette majestueuse ampleur, le grand fleuve ne remplirait pas en vingt mille ans la millième partie des bassins de la mer. Comprenez-vous un peu, enfants, combien la mer est immense ?

Et de quelle couleur sont ses eaux ? Jamais, si ce n'est à l'embouchure des fleuves, les eaux de la mer ne sont troubles et limoneuses. Vue en petite quantité, l'eau semble incolore ; vue en grande masse, elle apparaît avec sa coloration naturelle, qui est le bleu verdâtre.

La mer est donc d'un bleu virant au vert, plus foncé au large, plus clair près des côtes. Mais cette coloration se modifie beaucoup, suivant l'état de la surface des eaux et suivant l'éclat du ciel. Sous un soleil vif, la mer tranquille est tantôt d'un bleu tendre, tantôt d'un indigo foncé ; sous un ciel orageux, elle devient vert-bouteille et passe presque au noir.

X

L'EAU DE MER ET LE SEL MARIN

L'eau de la mer renferme en dissolution de nombreuses substances qui lui donnent une saveur extrêmement désagréable ; aussi ne peut-elle se boire, serait-on pressé

par la soif la plus ardente. C'est une saveur à la fois
amère et salée, qui répugne à la bouche et donne des
nausées.

La plus abondante des matières dissoutes dans l'eau
de la mer est le sel marin, le sel dont nous faisons usage
pour assaisonner les aliments. Le sel cependant n'a pas
une saveur désagréable, bien qu'on ne puisse boire un

Les marais salants.

verre d'eau salée; mais dans les eaux de la mer il est
accompagné de diverses autres choses à goût fort déplaisant.

Pour obtenir le sel on choisit au bord de la mer une
plaine basse, où l'on creuse des bassins peu profonds,
mais d'une grande étendue, appelés *marais salants*. Puis
on fait arriver l'eau de la mer dans ces bassins. Quand
ils sont pleins, on interrompt leur communication avec
la mer.

Le travail des marais salants se fait pendant l'été. La
chaleur du soleil fait évaporer l'eau peu à peu, et le sel
reste en couche cristalline, qu'on enlève avec des râteaux.

Le sel recueilli est amoncelé en un grand tas, en plein air, pour le laisser égoutter et perdre ainsi les substances qui lui donnent la saveur amère et déplaisante.

Si nous exposions au soleil une assiette pleine d'eau de mer ou tout simplement d'eau salée, nous reproduirions en petit le travail des marais salants. L'eau s'en irait, évaporée par le soleil, et le sel resterait seul dans l'assiette.

La mer agitée se couvre de *vagues*. Ce sont de grands plis mouvants, couronnés d'écume, qui ballottent un navire ainsi qu'une coque de noix, le portent un moment sur leur dos monstrueux, puis le laissent plonger dans la vallée liquide qui suit.

Oh! que l'on se sent petit et faible sur ces quatre planches, remontant, replongeant au gré des vagues! Sous les heurts furieux des flots, le vaisseau peut s'engloutir dans des abîmes insondables

Thon.

d'où nul n'est revenu, et il ne reste de vous qu'un souvenir, s'il y a des gens qui vous aiment sur la terre.

Or, c'est le vent qui agite la surface des eaux marines. S'il est inégal, il fait naître les *flots*, qui bondissent couronnés d'une crinière d'écume, se heurtent et se brisent l'un contre l'autre.

S'il est fort et continu, il chasse les eaux en longs plis, en *vagues* ou *lames*, qui s'avancent du large par rangées parallèles, se succèdent avec une majestueuse uniformité, et viennent l'une après l'autre se précipiter en grondant sur le rivage.

Dans la mer vivent de nombreux poissons. Il y en a de petits, de grands, de monstrueux. La sardine, la morue, l'anchois, le thon et tant d'autres nous viennent de la mer.

Là vivent encore d'innombrables animaux à coquille. On ne se lasserait pas d'admirer les coquillages de toute forme, de toute coloration. Il y en a qui, composés de deux pièces jouant l'une sur l'autre au moyen d'une charnière, s'ouvrent et se ferment à la façon d'un petit coffret. Leur intérieur souvent est tapissé de *nacre* et reluit de toutes les couleurs.

Il y en a qui s'enroulent en escalier à vis. Leur ouverture, appliquée contre l'oreille, fait entendre une rumeur qui rappelle celle des flots. On en trouve de lisses, on en trouve de hérissés de piquants. Les uns ont des crêtes, des bourrelets; les autres sont ornés de crêtes dentelées.

Dans la mer se pêchent le crabe, la langouste, le homard. Celui-ci est une écrevisse énorme, dont la pince est plus grosse que le poing de l'homme. Ainsi la mer est peuplée d'une multitude infinie d'animaux. Or, de quoi vit tout ce monde ?

Crabe.

D'abord, ils se mangent beaucoup entre eux. Le plus faible devient la proie d'un autre plus fort, qui trouve à son tour son maître et lui sert de pâture. Mais il est visible que, si les populations des mers n'avaient d'autres ressources que de s'entre-dévorer, tôt ou tard elles manqueraient de nourriture et périraient.

Aussi, dans les mers, les choses se passent comme sur la terre, relativement à l'alimentation générale. La plante crée des matières alimentaires. Certaines espèces se nourrissent de la plante, certaines autres mangent celles par qui la plante est mangée, de manière que la plante les nourrit toutes en définitive.

Pareillement, sur la terre, le mouton broute l'herbe, le loup mange le mouton, et de la sorte, c'est l'herbe qui nourrit le loup.

Il y a donc des plantes dans la mer et très abondamment; nos prairies ne sont pas plus herbues que certains fonds de la mer. Seulement les plantes marines diffèrent beaucoup des plantes terrestres.

Jamais elles n'ont de fleurs, jamais rien de comparable aux feuilles, jamais de racines. Elles se fixent sur le roc sans y puiser de quoi vivre. C'est l'eau qui les nourrit, et non le sol.

Il y en a qui ressemblent à des lanières visqueuses, à des rubans plissés, à de longues crinières; il y en a qui prennent la forme de petits buis-

Algues.

sons touffus, de molles houppes, de panaches onduleux; il y en a de déchiquetées en lambeaux, de roulées en lame spirale, de façonnées en gros fils glaireux.

Celles-ci sont d'un vert obscur, d'un rose tendre; celles-là sont d'un jaune de miel, d'un rouge vif. Ces plantes s'appellent des *algues*.

***

XI

LA VAPEUR ATMOSPHÉRIQUE

Lorsque la blanchisseuse étale sur des cordes le linge qu'elle vient de laver, que se propose-t-elle ? — Elle se propose de faire sécher le linge, de faire partir l'eau dont il est imbibé. — Eh bien, cette eau, que devient-elle ? — Cette eau se dissémine dans l'air, s'y dissout et devient invisible comme l'air lui-même.

Quand on mouille un tas de sable aride, l'eau s'y insinue de partout et disparaît. Il est vrai que le sable prend alors un aspect différent : il était sec avant, il est humide après. Le sable boit l'eau en contact avec lui.

Ainsi fait l'air : il boit l'humidité du linge en devenant lui-même humide ; et il la boit si bien, que le tout, air et eau, reste invisible comme si l'air ne renfermait rien d'étranger.

On appelle *vapeur* l'eau devenue invisible, en quelque sorte aérienne, c'est-à-dire semblable à l'air ; et la réduction de l'eau en ce nouvel état se nomme *évaporation*. L'humidité du linge que l'on veut sécher s'évapore ; l'eau s'insinue dans l'air et devient ainsi vapeur invisible, qui se répand en tout sens au gré des vents.

Rappelons-nous encore ce qui se passe après l'arrosage d'un jardin. C'est bien une telle affaire quand, sur la fin d'une

Le linge mis à sécher.

journée très chaude, il s'agit de faire boire ces pauvres plantes qui se meurent de soif.

La pompe coule à plein tuyau ; chacun s'empresse avec son arrosoir ; qui va d'ici, qui va de là, distribuant de l'eau aux plantes souffreteuses, aux semis, aux pots de fleurs. Bientôt le jardin a copieusement bu.

Comme c'est frais alors, comme les plantes fanées par la chaleur reprennent vigueur et se redressent heureuses ! On croirait les entendre chuchoter entre elles et se raconter les félicités de l'arrosage. Si cela pouvait durer ainsi !

Mais, bah ! le lendemain, la terre est encore sèche et il faut recommencer. Qu'est devenue l'eau de la veille ? Elle s'est évaporée, elle s'est dissoute dans l'air ; et maintenant elle voyage, peut-être en des régions lointaines, à de grandes hauteurs, jusqu'à ce que, devenue lambeau de nuage, elle retombe en pluie. Du contenu d'un arrosoir, les plantes prennent peut-être le plein creux de la main, l'air boit le reste. Et voilà pourquoi tous les jours il faut recommencer.

Si l'on exposait au soleil une assiette pleine d'eau, chacun sait ce qu'il adviendrait à la fin : peu à peu l'eau s'en irait en vapeur invisible et il ne resterait rien dans l'assiette.

Eh bien, ce qui se fait aux dépens de l'eau d'une assiette, et de l'humidité du jardin ou d'un linge mouillé, se fait aussi, dans des proportions immenses, sur la surface du monde entier.

L'air est en contact avec le sol humide, avec d'innombrables nappes d'eau, lacs, marécages, fleuves, rivières, ruisseaux; avec la mer surtout, la mer immense, qui à elle seule occupe trois fois l'étendue de l'ensemble des terres. Il doit donc boire à satiété et contenir partout et toujours de l'humidité, tantôt plus, tantôt moins.

L'air qui est là maintenant tout autour de nous, cet air invisible où l'œil ne distingue rien, contient cependant de l'eau, que l'on peut faire apparaître. Le moyen est très simple : il suffit de refroidir un peu l'air.

Quand on presse une éponge humide dans la main, on fait suinter l'eau. Le froid agit sur l'air humide à peu près comme la pression de la main sur l'éponge, il en fait suinter l'humidité sous forme de fines gouttelettes.

Remplissons une carafe d'eau très fraîche et, avec un linge, essuyons-en bien l'extérieur pour qu'il n'y reste aucune trace d'humidité. Plaçons ensuite la carafe sur une assiette également bien essuyée.

Voici que la carafe, d'abord d'une limpidité parfaite, se couvre d'une espèce de brouillard qui en ternit la transparence; puis des gouttelettes apparaissent, ruissellent sur ses flancs et descendent dans l'assiette.

Ces gouttelettes ne proviennent pas, c'est tout clair, de l'intérieur de la carafe, car le verre ne se laisse pas traverser par l'eau. Elles proviennent de l'air environnant, qui se refroidit au contact de la carafe et laisse alors suinter son humidité. Si la carafe était plus froide, si elle était pleine de glace, le dépôt des gouttelettes liquides serait plus abondant.

De même, quand on remplit d'eau très fraîche un verre d'une propreté parfaite, il arrive que le dehors de ce verre se ternit aussitôt et semble mal lavé : c'est encore l'air environnant qui dépose son humidité sur la paroi froide du verre.

Ces expériences nous apprennent deux choses : d'abord, qu'il y a toujours de la vapeur invisible dans l'air ; en second lieu, que cette vapeur devient visible et se change

Expérience de la carafe pleine de glace.

en brouillard, puis en gouttelettes d'eau, par le refroidissement.

Ce retour de la vapeur invisible à l'état de vapeur visible ou de brouillard, puis à l'état d'eau, se nomme *condensation*. La chaleur réduit l'eau en vapeur invisible, et le froid condense cette vapeur, c'est-à-dire la ramène à l'état liquide ou, pour le moins, à l'état de vapeur visible ou de brouillard.

———

XII

SOURCES, RIVIÈRES, LACS, PUITS

Nous venons d'apprendre qu'une évaporation continuelle a lieu, tant à la surface du sol humide qu'à la surface des différentes nappes d'eau, lacs, étangs, marécages, fleuves, et surtout de la mer, par rapport à laquelle le reste n'est à peu près rien. Aussi la vapeur contenue dans l'air vient principalement de la mer.

Cette vapeur s'élève dans l'air, et se maintient invisible tant que la chaleur est suffisante. Mais, comme la chaleur diminue à mesure que la hauteur augmente, un moment arrive où la vapeur ne peut plus être tenue en dissolution complète, et alors elle devient vapeur visible, brouillard, nuage.

Vous vous rappelez ces brouillards qui, dans les matinées humides d'automne et d'hiver, couvrent la terre d'un voile de fumée grise, cachent le soleil et nous empêchent de voir quelques pas en avant; en regardant en l'air, on aperçoit flotter comme une fine poussière d'eau.

Eh bien, les nuages et les brouillards sont même chose; seulement les brouillards s'étalent autour de nous et se montrent tels qu'ils sont, gris, humides, froids, tandis que les nuages se tiennent plus ou moins élevés et prennent, avec l'éloignement, de riches apparences.

Il y en a d'un blanc éblouissant; il y en a de rouges, de couleur d'or et de feu; il y en a de cendrés, de noirs. La coloration varie d'ailleurs d'un moment à l'autre. Au coucher du soleil, vous verrez tel nuage débuter par être blanc, puis se teindre de rouge, puis briller comme un entassement de braise, comme un lac d'or fondu, et enfin s'obscurcir et tourner au gris, au noir, à mesure que les rayons du soleil lui arrivent en moindre abondance.

Tout cela est affaire d'illumination par le soleil. En réalité, les nuages, si splendides qu'en soient les apparences, sont formés d'une fumée humide absolument pareille à celle des brouillards. On s'en assure en les visitant de près; ce que l'on fait en gravissant une haute montagne, ou bien en s'élevant dans l'air avec un aérostat.

Quand, à la suite d'un refroidissement survenu dans les hauteurs de l'air, la brume des nuages atteint une certaine condensation, des gouttes d'eau se forment et tombent à terre. Voilà la *pluie*. Si le refroidissement est plus vif, la brume des nuages se change en petits flocons d'aiguilles de glace, et voilà la *neige*.

Ainsi la pluie et la neige viennent principalement de la mer. Sur les immensités des océans, il se fait, sans discontinuer, une évaporation énorme. Les vapeurs formées deviennent des nuages, et ces nuages, chassés par le vent, voyagent de côté et d'autre, versant tantôt la neige, tantôt la pluie, suivant les lieux et la saison.

Cependant l'eau de la pluie et l'eau de la neige fondue ne sont pas salées, quoique venant de la mer. Quand on met de l'eau salée dans une assiette en plein soleil, l'eau seule s'en va et le sel reste.

De même les vapeurs qui s'élèvent de la mer sont formées d'eau pure, parce que le sel, trop lourd, ne peut les accompagner.

Une source.

Les eaux versées par les nuages, les pluies et les neiges fondues, pénètrent dans le sol, s'y infiltrent, surtout dans les régions montagneuses; elles voyagent quelque temps sous terre en suivant l'inclinaison des pentes et vont ressortir plus ou moins loin en formant des *sources*.

Ainsi naissent les *ruisseaux*, qui se réunissant plusieurs forment une *rivière*. Puis de la réunion de quelques rivières résultent les *fleuves*, qui déversent leurs eaux dans la mer, d'où ces mêmes eaux étaient venues, à l'état de nuages d'abord, ensuite à l'état de pluie ou de neige.

Par des sources, des ruisseaux, des rivières et même des fleuves, s'alimentent les *lacs*, vastes nappes d'eau amassées dans quelques creux du sol. Nos *puits* s'alimentent par les eaux souterraines, provenant soit des infiltrations des pluies, soit des infiltrations des eaux courantes voisines, rivières et fleuves.

A travers un terrain de gravier, les eaux de la surface descendent plus ou moins bas, puis sont arrêtées par des couches de terre glaise. Un large trou rond est creusé verticalement jusqu'à la rencontre de ces eaux souterraines. Le résultat est un puits, d'où l'eau est tirée soit avec une pompe, soit avec un seau appendu à une corde.

Toutes ces eaux de source, de ruisseau, de rivière, de fleuve, de lac, de puits, s'appellent des *eaux douces*, par opposition à celles de la mer, qui sont des *eaux salées*. Elles proviennent cependant de la mer, dont l'immense étendue a fourni, pour la plus grande part, les vapeurs et les nuages d'où elles sont descendues sou forme de pluie et de neige.

Toutes proviennent de la mer et toutes y retournent jusqu'à la moindre goutte, car tous les cours d'eau de la terre, les petits comme les grands, les moindres ruisseaux comme les fleuves énormes, sans discontinuer, s'écoulent dans la mer.

Considérons, par exemple, le petit ruisseau où se pêche l'écrevisse sous une nappe de cresson. Eh bien, le ruisselet s'en va droit à la mer tout comme le plus grand fleuve du monde; il s'en va droit à la mer et y verse ses quelques litres d'eau par seconde.

Mais il n'ose faire le voyage tout seul et s'en aller trouver la mer comme cela, la mer immense, lui si petit, si petit. Il rencontre de la compagnie en route, il mêle son filet d'eau claire à des ruisseaux plus forts, qui deviennent rivière en se réunissant plusieurs. Le fleuve reçoit la rivière, et la mer, en recevant le fleuve, boit le maigre ruisselet.

Ainsi toutes les eaux courantes, fontaines, ruisseaux, torrents, rivières, fleuves, sans discontinuer, arrivent à la mer; et cela dans le monde entier. A chaque instant la mer reçoit donc des masses d'eau incalculables. Comment, avec tant d'eau continuellement reçue, la mer, trop pleine, ne verse-t-elle pas?

Si, quand il est plein, un réservoir reçoit d'une source juste autant qu'il laisse écouler par une ouverture, ce réservoir peut-il verser bien qu'il lui arrive sans cesse de l'eau ? — Évidemment, non : perdant autant qu'il gagne, il doit garder le même niveau.

Il en est ainsi de la mer. Elle perd juste autant qu'elle gagne, et de la sorte son niveau reste toujours le même. Les ruisseaux, les torrents, les rivières, les fleuves, se rendent à la mer; mais les ruisseaux, les torrents, les rivières, les fleuves, viennent aussi de la mer. Ils ramènent dans l'immense réservoir ce qui en est parti sous forme de vapeurs et de nuages; ils y déversent ce que la chaleur du soleil a fait évaporer, et pas une goutte de plus.

La mer est le réservoir commun des eaux. Fleuves, sources, fontaines, minces filets d'eau, tout en vient, tout y retourne. L'eau d'une goutte de rosée, l'eau qui circule avec la sève dans les plantes, l'eau qui ruisselle sur notre front en transpiration, viennent de la mer et sont en route pour y revenir.

Si petite que soit la gouttelette, elle ne se perdra pas en route. Si le sable aride la boit, la chaleur du soleil l'en retire, et l'envoie rejoindre les vapeurs de l'atmosphère, les nuages, et de là, tôt ou tard, le bassin des mers.

XIII

PLUIES, INONDATIONS

Si nous soulevons le couvercle d'une marmite pleine d'eau chaude, nous trouvons le dessous de ce couvercle tout ruisselant de gouttes d'eau. Si nous soufflons notre haleine sur un carreau de vitre froid, nous voyons s'amasser des gouttelettes d'humidité sur le verre.

Tout cela provient de la vapeur, redevenue eau par l'action du froid. De l'eau chaude de la marmite montent des vapeurs qui, rencontrant le couvercle refroidi, perdent leur chaleur à son contact et redeviennent de l'eau.

Notre haleine contient beaucoup de vapeur. C'est pourquoi nous la voyons fumer, surtout en hiver. Lancée par le souffle contre un carreau de vitre, cette vapeur se refroidit et se change en une couche d'humidité qui ruisselle.

Voilà qui est suffisamment expliqué : la chaleur réduit l'eau en vapeur; le refroidissement ramène cette vapeur à l'état d'eau. Il n'en faut pas davantage pour comprendre d'où vient la pluie.

La chaleur du soleil fait élever du sol humide, des diverses nappes d'eau, et surtout des immensités de la mer, de continuelles vapeurs invisibles, qui deviennent brouillards visibles et nuages en éprouvant dans les hauteurs de l'air un premier degré de refroidissement.

Si le refroidissement est plus vif, apparaissent les gouttelettes d'eau. C'est d'abord une très fine poussière liquide qui flotte au gré des vents. Puis les grains de cette poussière d'eau se réunissent plusieurs ensemble, gagnent en poids et tombent en gouttes de pluie.

Quand il pleut, avez-vous jamais réfléchi au merveilleux voyage que peut avoir fait la moindre des gouttes de pluie descendant du ciel pour arroser nos champs ? Non, n'est-ce pas ? Eh bien, pensons-y un moment ; la chose en vaut la peine.

Cette goutte de pluie qui tombe maintenant à nos pieds vient d'en haut, d'un ciel tout noirci de nuages. Elle arrive des régions où gronde le tonnerre, où jaillit le trait du feu de la foudre. Elle a vu de près les splendeurs de l'éclair, elle assistait à l'explosion du terrible météore.

Entraînée par son poids, elle tombe. De quelle hauteur est sa chute ? Peut-être d'une demi-lieue, peut-être davantage, mais dans des limites étroites, car la pluie n'arrive jamais de bien haut. Nous en verrons plus tard la cause.

Elle tombe. La voilà à terre, aussitôt confondue avec le reste de l'eau qui ruisselle sur le sol depuis le commencement de l'averse. Où ira-t-elle ? Nous l'examinerons lorsque nous aurons fini de nous informer d'où elle vient.

Elle descend du nuage ; mais ce nuage ne s'est pas formé tout seul au-dessus de nos têtes, il a fallu des vapeurs puisées par le soleil dans les eaux de la mer et transportées ici par le souffle des vents.

Or, quelle mer a fourni la vapeur d'où provient notre goutte de pluie ? Nul ne saurait le dire. Est-ce la Méditerranée, aux flots bleus ; est-ce l'Océan, aux flots verts ? Est-ce une mer plus éloignée ? Tout cela est possible. Il peut très bien se faire que telle goutte de pluie qui tombe sur les fleurs de nos parterres, sur les légumes de nos jardins, provienne de vapeurs accourant de l'autre bout du monde.

Quel voyage pour une goutte d'eau ! De ses chauds rayons le soleil l'a cueillie à l'autre extrémité de la terre, les nuages l'ont reçue dans les hauteurs du ciel. Poussés par le vent, ces nuages, tantôt groupés et tantôt dispersés, chassés dans une direction puis dans une autre, ont passé au-dessus des mers, au-dessus des continents ; ils ont stationné sur les plus hautes montagnes, ils ont versé ici la neige, plus loin la grêle, ailleurs la pluie ; enfin, parvenus jusqu'à nous, ils ont fourni l'averse dont a fait partie notre goutte d'eau.

Retombée à terre, que va-t-elle devenir cette goutte de pluie ? Bue par le sol, elle pourra pénétrer dans les racines de quelque plante, monter jusqu'au feuillage, jusqu'aux fleurs, et contribuer à leur épanouissement. Puis le soleil la reprendra en vapeur et lui fera recommencer le voyage.

Mais, si elle ruisselle sur le terrain, le filet d'eau qui la contient la conduira au ruisseau, le ruisseau la cédera à la rivière, la rivière la versera dans le fleuve, et le fleuve la ramènera dans le grand réservoir, la mer, d'où elle était venue. Un jour ou l'autre, pour elle, semblable voyage recommencera.

Les nuages allant de çà et de là, un peu partout, il

pleut partout aussi, mais non à la fois. Quand la pluie tombe en un pays, il fait beau temps en d'autres. Et pourtant, lorsqu'il se met à pleuvoir où nous sommes, le ciel entier est couvert de nuages.

Il suffit de la main mise devant les yeux pour nous cacher le ciel. Un nuage, bien plus éloigné, mais aussi bien plus grand, produit le même effet : il nous masque l'étendue environnante et la rend en entier nuageuse. Mais ce n'est qu'une apparence ; en dehors de la région que le nuage recouvre, le ciel peut être serein et le temps magnifique.

Qui n'a vu au loin de gros nuages noirs, où gronde le tonnerre ? Sous pareil nuage il pleut, c'est chose sûre, et le ciel paraît noir. Les gens qui se trouvent dans cette région n'aperçoivent autour d'eux qu'une étendue pluvieuse, parce qu'ils sont enveloppés par la nuée ; s'ils allaient ailleurs, en dehors du nuage, ils trouveraient le ciel serein.

Avec un cheval qui marcherait bien, parfois il serait possible de sortir de dessous la nuée, de quitter la pluie et de venir au beau temps, comme aussi l'on pourrait quitter le soleil et aller trouver la pluie sous le nuage.

Mais bien souvent aussi ce serait impossible, parce que les nuages peuvent recouvrir de très grandes étendues. D'ailleurs, ils voyagent, ils se transportent d'un pays à l'autre avec une telle vitesse, que le meilleur cavalier ne pourrait les suivre.

Considérez l'ombre des nuages courant sur le sol quand souffle le vent. Collines, vallées, plaines, cours d'eau, forêts, tout est franchi en moins de rien. L'ombre d'un nuage passe sur vous au moment où vous atteignez le sommet d'une colline. Avant que vous ayez fait trois pas pour descendre dans la vallée, l'ombre, à pas de géant, remonte la colline opposée. Qui pourrait se flatter de suivre le nuage et de se maintenir sous son couvert ?

Si la pluie tombe parfois sur de très grandes étendues de pays, jamais du moins elle n'est générale, absolument jamais. Pleuvrait-il à la fois sur une province entière, qu'est l'étendue de cette province par rapport à la terre ? Une motte par rapport à un champ.

Poussés par le vent, les nuages courent dans les immensités de l'air. Ils voyagent, et sur leur parcours projettent l'ombre ou déversent la pluie. Il pleut où ils passent ; partout ailleurs, non.

En un même lieu on peut même avoir la pluie ou le beau temps, suivant qu'on se trouve par-dessous ou par-dessus les nuages. Au sommet d'une montagne élevée, par exemple, il arrive souvent d'avoir les nuages à ses pieds. La plaine située sous le nuage peut recevoir une forte averse, tandis qu'au sommet de la montagne le ciel est bleu et le soleil brille sans une seule goutte de pluie.

Toutes les époques de l'année ne sont pas également pluvieuses. Dans nos pays, c'est l'automne qui donne les pluies les plus abondantes. Le printemps vient en seconde ligne, et au troisième rang sont l'hiver et l'été.

Dans certaines contrées, par exemple dans l'Inde, les pluies sont tellement fortes, qu'une seule averse fournit plus d'eau que n'en reçoit la France dans l'intervalle d'une année. Nos plus violents orages ne peuvent donner une idée de ces pluies indiennes, alors que l'eau descend du ciel, non par gouttes, mais par filets continus, par nappes pareilles à celles d'une cataracte.

En d'autres régions, au contraire, il pleut très peu et même jamais. Cherchez le Pérou sur la carte. Le long du rivage occidental de l'Amérique du Sud est une étroite bande de terre comprise entre la mer et les hautes montagnes de l'intérieur. Voilà le Pérou, un des rares pays où la pluie est inconnue.

Le ciel y est d'une pureté continuelle. Si de loin en loin quelque petit nuage se montre, on se le dit, on en parle, on accourt sur les places, on se met aux fenêtres pour voir la curieuse rareté. Et, s'il en descend quelques avares gouttes de pluie, c'est un gros événement dont il est gardé long souvenir.

Que peut être la campagne avec cette privation de pluie versant aux terres la fraîcheur et la fécondité ?

— Un désert où rien ne peut venir, si ce n'est quelques grossiers arbustes auxquels suffit la rosée des nuits.

En quelques points de ce désert, le sol est tout blanchi de sel et de salpêtre, que l'on exploite pour les besoins de l'industrie. Les demeures des ouvriers chargés de ce travail sont construites en blocs de sel.

Que deviendrions-nous en nos pays, dans des maisons de sel qui se fondraient et s'écrouleraient à la première averse?

Le mineur du Pérou dort cependant tranquille dans la sienne. Où il ne pleut jamais, des murs de sel ne risquent pas de se fondre.

Après avoir circulé à la surface du sol, les eaux pluviales s'amassent dans les ruisseaux, les

L'inondation.

torrents, les rivières, les fleuves, toujours situés au bas des pentes, dans quelque vallée.

Si les pluies sont abondantes et de longue durée, le lit du fleuve est insuffisant pour la quantité d'eau reçue. Alors les rives habituelles sont débordées et les eaux limoneuses se répandent au loin dans la plaine.

Une *inondation* est parfois inoffensive, utile même, car elle laisse dans les champs un limon qui enrichit la terre ; mais trop souvent, hélas ! elle est aussi une grande calamité.

Les récoltes submergées pourrissent, les arbres sont déracinés, les habitations minées par les eaux s'écroulent, le bétail périt noyé dans ses écuries, des personnes succombent, entraînées par les eaux, ensevelies sous les ruines de la maison effondrée.

Quel navrant spectacle que celui du fleuve débordé, transformant la plaine en un immense lac trouble, d'où émergent la cime des arbres et le faîte des habitations ! Quelles mortelles angoisses lorsque les eaux grondantes cernent votre demeure, montent implacables, vous chassent d'un étage à l'autre et menacent de vous atteindre jusque sur le toit, où d'un regard anxieux vous interrogez les alentours pour voir si quelque barque charitable, ayant aperçu votre détresse, ne vient pas à votre secours !

XIV

LA GLACE

La glace est dure comme la pierre ; tout bien considéré, c'est même une pierre ; néanmoins, la glace est de l'eau, mais de l'eau durcie par le froid.

Si nous exposions un morceau de glace sur le feu, dans un vase, elle se fondrait, elle deviendrait de l'eau ; cette eau, reprise par le froid pendant une rude journée d'hiver, redeviendrait de la glace. Une augmentation en chaleur ou échauffement, de la glace fait de l'eau ; une diminution en chaleur ou refroidissement, de l'eau fait de la glace.

Pour se geler, pour se convertir en glace, l'eau doit se refroidir jusqu'à un certain point au delà duquel elle ne peut plus rester liquide. C'est par l'extérieur que l'eau se refroidit, comme toute autre chose, du reste ; c'est au contact de l'air froid qu'elle perd sa chaleur et se prend en glace.

Dans une rivière, dans un lac, dans un bassin, dans un simple plat d'eau, ce n'est pas au fond, ce n'est pas dans l'épaisseur de l'eau que la glace apparaît d'abord, c'est tout à fait à la surface, au voisinage de l'air froid.

Cela commence par une mince croûte solide, semblable à une lame de verre; puis, à mesure que le froid
gagne plus profondément, la glace augmente d'épaisseur
jusqu'à pouvoir supporter de très lourds fardeaux.

Alors sur la nappe solide, unie, lisse comme un miroir,
accourent les patineurs. Les habiles font de longues glissades, les novices se bornent à de timides essais. D'autres, assis sur une pierre plate et poussés à l'arrière par
un camarade, sont voiturés en traîneau.

Les patineurs.

Il y a bien de temps en temps quelques chutes, mais
si plaisantes, que tous en rient. La place de la culbute est
ironiquement balayée du bonnet, tandis que le maladroit
se relève et, rouge de confusion, se gratte un peu la
partie compromise.

Puis, affirmant d'un ton de vaillance qu'il ne s'est pas
fait mal, il reprend la glissade avec plus d'ardeur que
jamais. Ne faut-il pas faire oublier sa mésaventure par
des prouesses?

Mais laissons les plaisirs du patinage et leurs habituelles compagnes, les bosses au front, pour apprendre
ce que la glace a de plus remarquable.

L'eau se gèle, disons-nous, en commençant par la

surface, au contact de l'air froid. Il se produit ainsi une couche de glace plus ou moins épaisse, une sorte de couvercle d'une seule pièce, au-dessous duquel l'eau se maintient fluide, coulante.

Ce couvercle reste au-dessus pour deux motifs. D'abord, avec une épaisseur suffisante, il forme un plancher assez solide pour ne pas crouler lors même que l'appui de l'eau viendrait à lui manquer.

En second lieu, et c'est ici le point important, la glace est plus légère que l'eau; elle reste à la surface sans pouvoir s'enfoncer. Cassons la couche de glace : chaque fragment, chaque glaçon flottera comme le ferait une planche de bois.

N'est-ce pas bien curieux qu'une chose aussi dure que la pierre reste au-dessus de l'eau? D'où cela peut-il provenir? Soyez attentifs et vous le saurez bientôt.

Vous prenez une poignée de laine ou de coton en bourre, vous la serrez fort, bien fort, pour en faire une pelote, de la grosseur du poing. Vous en prenez d'autre que vous serrez très peu, et vous en faites une seconde pelote, juste grosse comme la première. Quelle est la pelote qui pèsera le plus?

Chacun a la réponse sur les lèvres. La pelote la plus serrée sera plus lourde que l'autre, bien qu'elle ne soit pas plus grosse. Puisqu'elle est plus serrée, elle contient plus de coton, plus de laine, elle pèse donc plus. A égalité de grosseur, une même matière pèse davantage à mesure qu'elle est plus serrée, plus compacte.

Eh bien, la glace flotte parce qu'elle est moins serrée, moins compacte que l'eau, et que, par conséquent, elle est plus légère. Oui, je le répète, la glace est moins compacte que l'eau; à grosseur égale, elle contient moins de matière.

Vous vous récriez peut-être; il vous semble que la glace, presque dure comme un caillou, devrait être matière plus serrée que l'eau. Celle-ci est si molle! elle glisse et s'échappe des doigts qui cherchent à la saisir.

Écoutez encore ceci : Du plomb fondu, est-ce lourd ou

léger ? — C'est lourd, et très lourd ; cependant il coule : il glisserait à la façon de l'eau si l'on essayait de le saisir avec des pinces, car, évidemment, il ne faut pas songer à le saisir avec les doigts, c'est trop chaud.

Le plomb fondu coule ; un caillou ne coule pas, il est aussi dur que possible, et cependant, mis sur le plomb fondu, il flotte, et très bien. Le caillou dur est donc moins compact que le plomb fondu et mou ; il renferme moins de matière, à grosseur égale, puisqu'il est plus léger.

Cela signifie, ce me semble, qu'une substance molle, liquide, insaisissable, peut être plus compacte qu'une autre dure et solide. Rien d'étonnant, alors, que l'eau soit plus compacte et plus lourde que la glace.

Quand elle se gèle, l'eau se gonfle un peu et devient moins compacte. Voilà pourquoi la glace est plus légère que l'eau, pourquoi elle surnage.

Parlons maintenant d'autre chose. Vous savez à peu près comment une pompe est faite. Il y a en bas un long tuyau de plomb, qui descend dans le puits ; en haut un tuyau plus gros et court, dans lequel monte et descend le piston. Ce gros tuyau est le corps de pompe.

Or, il arrive souvent, par de fortes gelées, que le corps de pompe se trouve fendu du haut en bas. Une crevasse se fait de la largeur du doigt, et par cette fente sort un bourrelet de glace. On dit alors que le froid a fendu la pompe.

Longtemps vous vous creuseriez la tête sans parvenir à comprendre comment le froid peut fendre un tuyau de métal. C'est si dur, un tuyau de fer, un tuyau de cuivre ! Une courte explication vous dira le secret.

Le froid, c'est vrai, a fendu la pompe, mais pas le froid à lui seul. Il y avait quelque chose dans le corps de pompe, il y avait de l'eau. Quand le froid est venu, cette eau s'est changée en glace, qui s'est trouvée emprisonnée entre le corps de pompe et le piston, sans pouvoir monter ni descendre.

Or, nous venons de l'apprendre, quand elle se forme, la glace se gonfle un peu, ou, comme on dit, elle se *dilate*.

En se gonflant ainsi quand elle est emprisonnée, elle repousse de-ci, de-là, de partout, l'obstacle qui l'arrête, de manière à briser cet obstacle, si résistant qu'il soit.

Le corps de pompe s'est fendu parce qu'il contenait de l'eau dans son intérieur. S'il avait été vide, le froid ne l'aurait pas endommagé.

Nous saurons désormais que, pour les pompes situées à l'extérieur et exposées aux gelées, il est prudent de mettre un robinet tout au bas du corps de pompe. Quand une forte gelée menace, on ouvre le robinet pour faire écouler l'eau. On évite ainsi la formation de la glace dans l'intérieur du corps de pompe.

Voici un exemple qui nous renseignera sur la force indomptable de la glace se formant dans un espace fermé.

Quoi de plus solide qu'une pièce de canon ? C'est en bronze, énormément lourd, très épais. On met là-dedans un sac de poudre et un boulet en fer de la grosseur de la tête.

La poudre prend feu, il se fait une explosion qui rivalise avec celle du tonnerre, et la boule de fer est lancée à une lieue de distance. Jugez donc de la résistance que doit présenter la terrible machine de guerre.

Eh bien, on a essayé dans des canons la force de poussée de la glace. Un canon est rempli d'eau, puis la gueule est bouchée avec un tampon de fer vissé, de façon à ne pouvoir céder. La pièce est alors exposée au froid pendant une rigoureuse journée d'hiver.

L'eau se prend en glace et c'est fait : le canon est fendu dans toute sa longueur ; par la fente s'échappe un bourrelet de glace. Comment s'étonner, après, que le tuyau d'une pompe se fende par la poussée de la glace, quand un canon se déchire aussi facilement qu'une étoffe usée ?

Je dois vous dire que la rupture du canon par l'effet de la congélation de l'eau se fait le plus tranquillement du monde. Il n'y a pas d'explosion, comme vous pourriez vous l'imaginer, il n'y a pas de débris lancés.

Sans fracas aucun, le métal se déchire, et voilà tout.

Serait-on à califourchon sur la pièce qu'on n'aurait rien à craindre au moment de la rupture.

Le canon brisé par cette chose si pacifique en apparence, la glace, me paraît vous intéresser au plus haut point ; mais vous n'aurez jamais, sans doute, l'occasion d'assister à pareille expérience.

La bouteille brisée par la glace.

Une chose vous manque : la possibilité de faire vous-mêmes un essai sur la puissance de la glace. Je lis dans vos yeux que vous demandez autre chose. Écoutez ceci :

Prenez cet hiver une bouteille, remplissez-la d'eau complètement et bouchez-la, mais solidement, je vous en avertis. Assujettissez le bouchon avec une bonne ficelle. Exposez après votre bouteille au grand air, quand il gèle fort.

Vous la retrouverez quelque temps après en morceaux, brisée par la poussée de la glace. Ici encore, il n'y a aucun péril. Les débris de la bouteille ne sont pas lancés. Ils restent adhérents entre eux, collés par la glace, ou tombent tranquillement à terre. Voilà une magnifique expérience que vous ne manquerez pas de faire l'hiver prochain.

———

XV

LA NEIGE

La neige, comme la pluie, provient des vapeurs d'eau fournies à l'atmosphère par l'évaporation des mers.

Lorsque le refroidissement est assez vif, ces vapeurs, au lieu de se rassembler en gouttes de pluie, se congèlent en très fines aiguilles de glace et deviennent de la neige.

Dans nos pays et en plaine, le refroidissement nécessaire à la formation de la neige n'est possible que pendant l'hiver. Décembre et janvier sont les mois du grand froid et de la neige. Alors, d'un ciel tout gris, descendent silencieusement des flocons qui bientôt recouvrent le sol d'une couche éblouissante de blancheur.

La grosse boule de neige.

L'événement est accueilli non sans joie. On livrera bataille avec des pelotes de neige; on fera des boules qui, roulant sur la couche neigeuse, gagnent en grosseur jusqu'à ce qu'on ne puisse plus les remuer; avec ces boules superposées, on façonnera quelque géant, chef-d'œuvre de doigts engourdis. Oui, c'est un événement accueilli non sans joie.

Mais, si la neige est rare dans la plaine et n'y apparaît qu'en hiver, elle est fréquente, au contraire, en toute saison, sur les hautes montagnes, parce que la chaleur de l'air diminue rapidement à mesure que la hauteur s'accroît. Plus une montagne est élevée, plus sa cime est froide.

Dans les hautes régions de l'atmosphère, les nuages ne peuvent généralement donner de la pluie à cause du froid; ils se convertissent en neige aussi bien en été qu'en hiver. Mais, une fois formée, la neige n'arrive pas toujours à terre.

En descendant, elle rencontre de l'air moins froid, et il peut se faire qu'elle se fonde en route et devienne de la pluie avant d'atteindre le sol. Dans ce cas, il neige sur les montagnes élevées, plus froides, tandis qu'il pleut dans les plaines, plus chaudes.

Toute pluie partie d'assez haut est de la neige au début. Au milieu même de l'été, les sommets élevés sont blanchis de neige par les nuages qui ne versent dans les plaines que de la pluie. Dans les pays montagneux, après chaque averse de pluie dans les vallées, on voit, lorsque le rideau des nuages se dissipe, les pics élevés du voisinage couverts d'une neige récente.

Ainsi la neige tombe plus fréquemment et plus abondamment sur les sommets des montagnes que partout ailleurs, à cause du froid des hautes régions. Sur les sommets très élevés, la pluie même est impossible : tout nuage qui passe y verse de la neige.

Dans nos pays, la neige ne couvre les plaines qu'à de rares intervalles, pendant quelques jours de l'hiver seulement; mais elle blanchit les sommités de hauteur suffisante une bonne partie de l'année, et les plus élevées l'année entière.

Les plaines des pays chauds ne connaissent la neige en aucune saison, tandis que les cimes de grande élévation y sont couvertes d'une perpétuelle couche neigeuse. Dans les contrées voisines des pôles, le soleil d'été parvient à débarrasser la plaine de ses neiges pour quelques mois, quelques semaines; mais il ne peut amener la fusion totale de celles qui se trouvent à quelques centaines de mètres d'élévation.

Il y a, par conséquent, d'un bout à l'autre de la terre, une hauteur, variable suivant le climat, au-dessus de laquelle la chaleur est insuffisante pour amener la fusion complète des neiges de l'année. A partir de cette hauteur, la pluie est très rare, inconnue même, serait-ce au cœur de l'été : la neige la remplace. Le sol, le roc, ne s'y montrent jamais à découvert : une perpétuelle couche de neige les recouvre.

Ces neiges persistant toute l'année se nomment *neiges perpétuelles*. Dans les Alpes et les Pyrénées, elles commencent vers 2,700 mètres. Dans les pays les plus chauds, sous l'équateur, elles remontent beaucoup plus haut, presque le double ; d'autre part, dans les pays les plus froids, au voisinage des pôles, elles descendent dans les plaines les plus basses, au niveau de la mer.

D'un bout à l'autre de la terre il existe donc des neiges perpétuelles, ne fondant jamais en entier, quelle que soit la saison. Dans les climats chauds, elles n'occupent que les hautes cimes ; dans les climats très froids, elles couvrent tout le sol, même les plaines.

On appelle *avalanche* une grande couche de neige entraînée par son poids sur la pente des montagnes. Lorsque la pente qu'elle recouvre est rapide, la nappe de neige, à peine retenue, glisse au moindre défaut d'équilibre et s'éboule dans la vallée en énorme cascade poudreuse.

La plupart des avalanches sillonnent des étendues désertes, mais il en est d'autres qui atteignent les vallées habitées, et alors le désastre est lamentable. On cite des hameaux, des villages balayés en entier, rasés par le torrent de neige, bouleversés de fond en comble ou transportés plus loin presque intacts ; on cite de navrants exemples de personnes englouties, quelquefois par centaines, sous les flots de l'avalanche.

Les arbres sont déracinés, brisés, comme des fétus de paille ; des quartiers de roc sont arrachés et entraînés. On dirait l'écroulement d'une partie de la montagne. La commotion imprimée à l'air sur le passage de la cascade de neige est si violente, qu'elle suffit pour renverser à distance les chalets, pour casser et coucher à terre des milliers de sapins.

Les voyageurs qui, au printemps, au moment où la

chaleur solaire commence à ramollir les neiges, ont à
traverser quelque défilé que surmontent des pentes neigeuses, ne le font qu'avec de grandes précautions,
comme le commande la chute imminente des avalanches.

Ils ne s'y engagent qu'avant le lever du soleil, afin
que les neiges, au moment de leur passage, n'aient pas
encore perdu la consistance que peut leur avoir donnée
le froid de la nuit. Ils marchent à la file, assez distants
l'un de l'autre ; de la sorte, si l'avalanche se précipite
et en entraîne quelques-uns, les autres ne seront pas at-
teints et pourront leur porter
secours.

On s'avance dans un com-
plet silence. Les clochettes des
mulets sont tamponnées et rendues muettes : une parole, un
son, un faible ébranlement de
l'air pourrait faire précipiter les
neiges.

Enfin, si le passage est trop
menaçant, avant de s'y aventu-
rer, on décharge à l'entrée un
pistolet. La détonation provoque
la chute des neiges périlleuses.

Chien du Saint-Bernard secourant
un voyageur.

Dans les Alpes, à l'hospice du Saint-Bernard, de grands
chiens sont élevés pour secourir les voyageurs enseve-
lis par la neige. Lorsque la chute des avalanches menace, ils parcourent la montagne, interrogeant du flair
tous les amoncellements neigeux. A leur cou est appendue une gourde contenant un cordial qui ranimera les
forces du malheureux surpris par la tourmente.

Avertis par l'odorat, ils déblaient les neiges et déter-
rent le voyageur enseveli, qu'ils raniment de leur chaude
haleine. Sur les indications des chiens, les religieux de
l'hospice accourent et achèvent le sauvetage.

XVI

GLACIERS

Nous venons de voir que les neiges glissent sur les pentes rapides des montagnes et se précipitent dans les vallées voisines. Les hautes vallées, environnées de pentes toujours neigeuses, sont donc occupées par des neiges que les avalanches accumulent et renouvellent sans cesse.

Or, lorsque nous comprimons entre les mains, pour en faire une pelote, de la neige commençant à se fondre et tout imbibée de son eau de fusion, n'avez-vous pas remarqué que cette neige durcit et devient pareille à de la glace ?

Vous souvenez-vous de cette semelle de glace qui s'attache à nos chaussures lorsque nous marchons dans la neige ? La compression produite par le poids de notre corps en est cause. Ainsi, fortement comprimée, la neige devient glace.

Sous la pression insuffisante de nos mains et de nos pas, il ne se forme qu'une glace incomplète, possédant encore la blancheur opaque de la neige; mais, si l'effort supporté était assez puissant, la neige deviendrait de la glace transparente, pareille à celle qui flotte sur les rivières gelées.

C'est ce qui se passe dans les neiges accumulées par les avalanches au fond des hautes vallées. Comprimées, agglutinées par la pression de leurs couches énormes, elles deviennent un amas de glace compacte, amas qui porte le nom de *glacier*.

Chaque vallée voisine des neiges perpétuelles possède son glacier. Dans les Alpes seules, on en compte plus d'un millier. Leur longueur est parfois de quatre à cinq lieues et leur largeur d'une lieue et plus. Quant à l'épais-

seur de ces bancs de glace, elle est communément de
30 à 40 mètres ; mais en quelques points elle atteint de
200 à 400 mètres.

En général, la surface d'un glacier ressemble à celle
d'une mer qui aurait été subitement gelée sur la fin d'une
tempête, lorsque les vagues, encore hautes, s'émoussent
et s'arrondissent. Ces grandes ondes de glace sont dirigées dans le sens de la longueur de la vallée. Elles sont
coupées en travers par de profondes crevasses à parois
d'un magnifique azur.

Des ruisseaux d'une eau vive et claire coulent dans des
rigoles de glace. Il y en a qui tombent en cascades dans
l'abîme des crevasses ; il y en a qui se déversent dans
de vastes conques, dans des bassins que l'on dirait bâtis
avec le cristal le plus limpide.

À son extrémité supérieure, le glacier se termine par
un escarpement brusque, où s'ouvre d'ordinaire une
caverne d'où s'échappe un torrent.

L'intérieur de cette caverne présente un magnifique
spectacle, avec sa voûte et ses murailles de cristal, où se
joue, en mille reflets , la lumière pénétrant du dehors ;
mais il n'est pas toujours prudent de s'engager sous
ces arcades qui, d'un moment à l'autre, menacent de
s'écrouler sur les visiteurs.

En avant du talus terminal du glacier s'élève une ceinture de rochers amoncelés en désordre. C'est ce qu'on
nomme la *moraine frontale.* Le torrent se fait jour à travers cette digue naturelle et bondit d'un quartier de roc
à l'autre.

Les glaciers marchent. Ils cheminent, ils avancent,
ou, pour mieux dire, ils glissent sur la pente de la vallée qui les enserre, entraînés en avant par la poussée de
leur propre poids. Les plus rapides progressent d'un pan
ou deux par jour.

C'est bien peu. N'importe; avec des années, cela fait
une longueur. En descendant, le glacier trouve des tem-
pératures plus fortes, et, quand il est parvenu en un
point où la chaleur s'oppose à l'existence de la glace, il

se termine par un brusque talus, par un escarpement, que la fusion détruit toujours, mais que renouvelle toujours l'arrivée des glaces suivantes.

A partir de ce point, le glacier devient liquide et cesse de marcher pour couler; il se change en torrent, qui poursuit en liberté son cours, tandis que de nouvelles neiges s'accumulent dans le haut de la vallée, se convertissent en glace et lentement s'avancent pour remplacer la glace disparue.

Revenons à la moraine frontale, à cette ceinture de blocs de rochers que nous avons vue en avant du *front* du glacier. D'où proviennent ces blocs, de toute forme, de toute grosseur, confusément entassés, semblables aux ruines de quelque édifice de géants?

Sur chacun de ses flancs et dans toute sa longueur, un glacier est bordé par une rangée de débris, éboulés des pentes voisines par l'action de la foudre, des avalanches, des intempéries. Ce sont de grands quartiers de roc anguleux, des éclats de pierre, des sables, des boues, entassés pêle-mêle. On donne à ces deux bordures de débris le nom de *moraines latérales*.

Très souvent deux glaciers se rejoignent, débouchent l'un dans l'autre. Alors les deux moraines latérales qui bordaient le promontoire de séparation se réunissent et forment ensemble une traînée de pierres qui occupe l'intérieur du courant et prend le nom de *moraine médiane*. Autant de glaciers viennent déboucher dans la vallée principale, autant il se produit de moraines médianes.

A mesure que le glacier s'avance dans la vallée, les blocs de pierre s'avancent aussi, portés sur le dos des glaces, si considérable que soit leur poids. Chaque roc des moraines latérales et des moraines médianes s'achemine donc lentement, avec la tranche du glacier qui le porte, vers l'escarpement terminal.

Si long que soit le voyage, le bloc finit par arriver au bord du talus. Peu à peu l'appui lui manque, il surplombe, la glace se fond sous lui. Il s'ébranle enfin et culbute au milieu des blocs qui l'ont précédé. Ainsi se

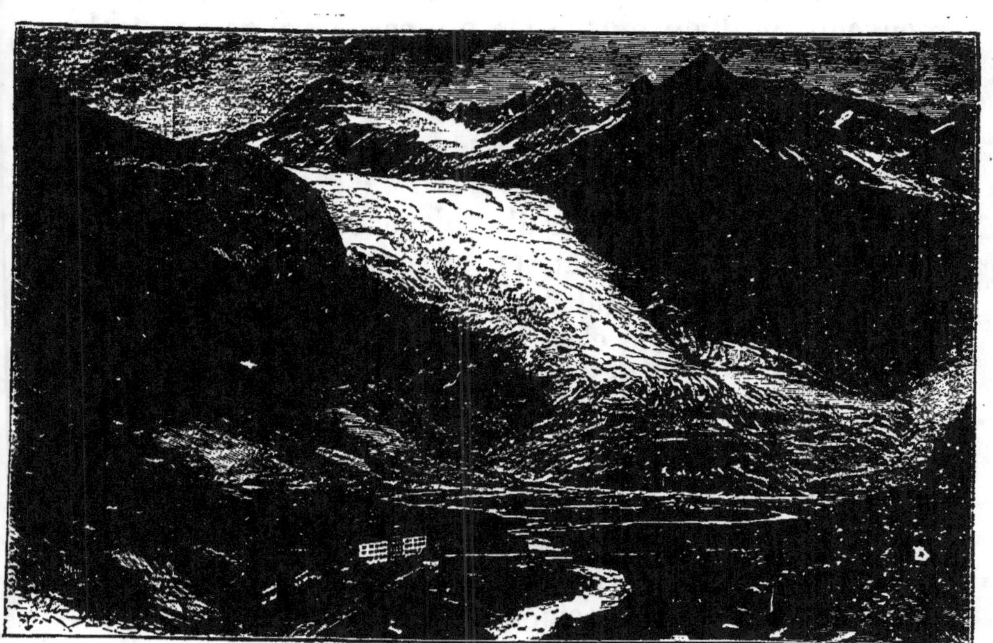

Glaciers. — Le glacier du Rhône.

forme en avant du glacier, cet entassement de rochers que nous avons nommé moraine frontale.

Pour atteindre le point de la vallée où la chaleur est suffisante pour la fusion totale des glaces, un glacier descend au-dessous de la limite des neiges perpétuelles. Dans nos contrées, avons-nous dit, cette limite se trouve vers 2,700 mètres d'élévation. Or certains glaciers des Alpes descendent jusqu'à 1,000 mètres.

A cette hauteur, les grands arbres et les pâturages sont non seulement possibles, mais encore les moissons peuvent fort bien mûrir. On a ainsi l'étrange spectacle de fleuves de glace, descendus des hauteurs des éternels frimas pour venir se fondre sous les rayons d'un vif soleil, au milieu des cultures, parmi les noisetiers des vallons.

Tout à côté de la muraille bleue du glacier, les blés jaunissent, les bœufs paissent, les abeilles butinent. Ici, c'est l'été, c'est la chaleur, c'est la vie; là, à deux pas, au fond des vallons, c'est la glace, toujours et toujours renouvelée : c'est l'hiver, c'est la mort.

Non, je me trompe : c'est encore la vie, car, de cette masse de glace, sans relâche fondue, sans relâche renouvelée, résulte un torrent, bientôt rivière ou fleuve, qui va distribuer au loin ses eaux vivifiantes.

C'est encore la vie, car un glacier est une espèce de char qui abaisse les neiges perpétuelles avec une prudente lenteur et les transporte peu à peu, des cimes où elles ne pourraient se fondre, dans les vallées où leur fusion entretient toute l'année le cours des fleuves.

XVII

LES GLACES FLOTTANTES

Sur un globe géographique, à l'un et l'autre pôle, voyez ce grand espace teinté de blanc. Pourquoi cette coloration blanche au lieu du bleu des mers? C'est qu'on a voulu représenter ainsi les neiges et les glaces qui recouvrent perpétuellement les régions voisines des pôles.

En ces régions, un froid violent sévit toute l'année; aussi la mer, gelée à une grande profondeur, y forme une espèce de continent de glace et de neige soudé au rivage des terres. Cette immense plaine de glace est la *banquise*, dont les limites avancent ou reculent un peu suivant la saison, mais sans jamais fondre en entier.

Sur cette mer devenue solide, sur ce plancher de glace inébranlable presque autant que le sol, le navigateur, après avoir quitté son vaisseau, continue sa périlleuse expédition en traîneau, avec un attelage de robustes chiens.

Les glaces flottantes.

Quand vient l'été et que le temps s'adoucit un peu, sur la banquise éclate un fracas plus bruyant, plus terrible que celui des canons. C'est la glace qui, par un commencement de dégel, se disloque en fragments. Les courants de la mer entraînent ces débris en les faisant osciller et tournoyer sur les flots. Voilà les glaces flottantes.

Il y en a de toute forme. Tantôt c'est une tour, un rempart; tantôt, un énorme pilier ayant pour chapiteau une

couche neigeuse d'où pendent des chandelles de glace.
Il y en a de façonnées en aiguille, en voûte, en arcade;
on en voit qui ressemblent à des géants de marbre, prenant un bain plongés jusqu'à la ceinture.

Isolés ou par flottes innombrables, ces glaçons flot-
tants s'éloignent de la banquise brisée et se répandent
à la surface de la mer. Ils pirouettent lentement sur eux-
mêmes, se penchent ou se redressent, s'éloignent ou se
rapprochent suivant les ondulations des flots. Ils frottent l'un contre l'autre avec des grincements sinistres,
ils s'entre-choquent, se brisent avec fracas. D'autres,
rongés à la base par les eaux, brusquement chancellent
et chavirent. Le dessous vient en dessus, le dessus
plonge en dessous.

D'autres fois, les débris de la banquise consistent en
plateaux mesurant plusieurs lieues de longueur et de
largeur. On les nomme *ice-fields*, expression anglaise
qui veut dire *champ de glace*. Par son étendue, c'est un
champ, en effet, on peut même dire une île flottante.

Cerné par les glaçons et les *ice-fields*, que le froid
promptement soude en une masse commune, un navire
n'est plus maître de ses mouvements. Faible coquille de
noix incrustée dans l'énorme radeau de glace, il va où
le pousse le caprice des vents et des flots.

Enfin il se détache des terres voisines, pour tomber à
la mer, des montagnes de glace, nommées *ice-bergs* par
les navigateurs. On en a mesuré dont le poids devait
être de plusieurs millions de tonnes.

Ces colosses s'élevaient au-dessus de la mer de 100 à
200 mètres, mais la partie plongée était environ une
dizaine de fois plus grande. La hauteur totale du glaçon
mesurait donc de 1,000 à 2,000 mètres. C'est la hauteur
de nos plus hautes montagnes, à l'exception des cimes
des Alpes et des Pyrénées.

Sous les rayons du soleil, les *ice-bergs* se gercent, se
fendillent et parfois éclatent brusquement en mille pièces
avec un fracas que l'on a comparé à la décharge simul-
tanée de plusieurs centaines de pièces d'artillerie.

Que peut devenir un navire parmi de pareilles masses
s'entre-choquant ? — Il est broyé avec plus de facilité
qu'une noisette entre deux cailloux.

XVIII

LES BALLONS

Il y a cent ans environ, deux fabricants de papier de
la ville d'Annonay, dans l'Ardèche, les frères Montgol-
fier, conçurent les premiers l'idée de s'élever en l'air à
l'aide d'un immense globe de toile, doublé de papier.

Chacun de nous, sans doute, a vu le départ d'un ballon, spectacle habituel de la moindre réjouissance publique ; rappelons cependant comment les choses se
passent.

Au milieu d'un cercle de spectateurs gît à terre un
amas informe de toile. On allume quelques brassées de
paille, et au-dessus de la flamme, on présente l'orifice
d'une espèce d'immense bourse que forme cette toile.

Voici que la bourse s'emplit d'air chaud, se déploie,
se gonfle et finit par étaler ses flancs rebondis. C'est
maintenant une vaste machine, qui se balance mollement, retenue prisonnière par des mains vigoureuses.

Sa forme est celle d'une poire dont la pointe, largement ouverte, est en bas, au-dessus de la paille qui
flambe. Un réseau de cordelettes l'enveloppe dans sa
partie supérieure. De ce réseau, vers le milieu du ballon,
partent d'autres cordes qui pendent au-dessous de l'orifice et se rattachent à une grande corbeille d'osier appelée *nacelle*.

Tout est prêt : l'homme au ballon se met dans la nacelle ; et à un signal donné, les gens qui retiennent la
machine lâchent prise à la fois. Voilà le ballon parti. Il
s'élève majestueusement ; le voilà par-dessus les toits,

le voilà par-dessus le clocher de l'église. Encore quelques instants, et il aura atteint la région des nuages. L'audacieux voyageur salue cependant du haut des airs.

Lorsque le ballon ne doit pas emporter des gens dans sa nacelle, on se borne à le faire en papier, ce qui est moins coûteux, et l'on supprime le réseau de cordages, devenu inutile.

Mais, si quelqu'un doit faire le périlleux voyage, le ballon est en toile pour plus de solidité, avec réseau de cordelettes où la nacelle est suspendue.

Un simple ballon en papier est muni en dessous, à son orifice, d'une petite corbeille de fil de fer pleine d'étoupes enflammées. C'est pour continuer à chauffer l'air du ballon pendant l'ascension et maintenir ainsi plus longtemps la machine dans l'espace.

Vous ne comprenez pas encore, n'est-ce pas, pourquoi le ballon monte ? Vous allez le comprendre. Si l'on descendait une boule de bois profondément dans l'eau et qu'on l'abandonnât après à elle-même, que ferait la boule ?

Chacun me répond : — Le bois étant plus léger que l'eau, la boule remonterait tout aussitôt.

— Eh bien ! ainsi fait l'air chaud du ballon : il monte parce qu'il est plus léger que l'air froid environnant.

— Que l'air chaud monte, soit ; mais le ballon lui-même, sa toile, sa nacelle et l'homme qui est dedans, tout cela est bien plus lourd que l'air...

— Certainement, c'est plus lourd. Une balle de plomb est aussi plus lourde que l'eau : jamais d'elle-même elle ne remonterait du fond à la surface. Cependant, si elle est attachée à une boule de bois assez grosse, elle remonte très bien, entraînée par le bois. De la même manière monte la nacelle, avec sa charge : elle est entraînée par l'air chaud, pourvu que celui-ci soit en quantité suffisante.

Vous le voyez, c'est moins difficile que cela le paraîtrait au début ; chauffé par la flamme de la paille, l'air du ballon devient plus léger et s'élève, emportant avec lui la bourse de toile, les cordages, la nacelle et son contenu. Reste à savoir pourquoi l'air chaud est plus léger que l'air froid.

Prenez une vessie, et, après l'avoir ramollie dans l'eau, soufflez-y de l'air de manière à ne la remplir qu'à

La vessie ridée qui se gonfle quand on la chauffe

moitié ; puis serrez l'orifice avec un cordon. En cet état, la vessie est flasque et ridée.

Mais approchez-la du feu, ou bien exposez-la aux rayons d'un soleil très ardent. Voici qu'elle se déride, qu'elle se gonfle, se ballonne. En peu de temps, elle est toute pleine et rebondie. Que s'est-il donc passé ?

La chaleur, nous l'apprendrons plus au long une autre fois, a la propriété de faire grossir, de faire augmenter de volume, en un mot de *dilater*. Ces trois expressions signifient la même chose.

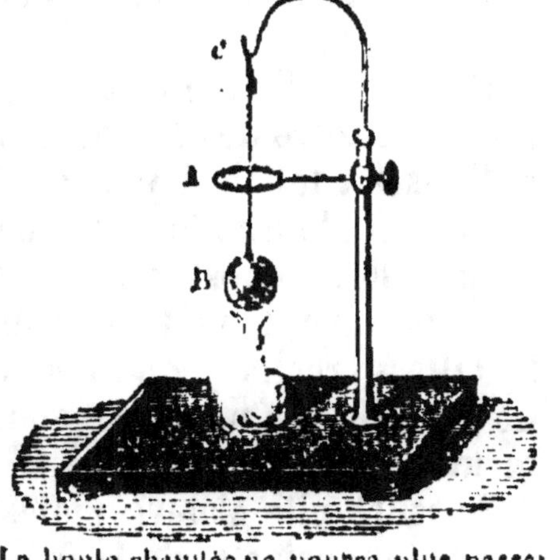

La boule chauffée ne pourra plus passer à travers l'anneau.

Toute matière, si dure qu'elle soit, grossit, se dilate par la chaleur. Voyez par exemple la petite machine que représente la figure. Il y a là un anneau en métal et une boule également en métal. Froide, la boule passe très bien à travers l'anneau ; mais si on la chauffe, elle ne peut plus y passer. La chaleur a donc rendu la boule un peu plus grosse qu'elle ne l'était d'abord.

Maintenant on laisse la boule se refroidir, et quand elle est redevenue froide, on essaye de nouveau le passage à travers l'anneau. Cette fois la boule passe sans obstacle aucun. Par le refroidissement elle est donc revenue à sa grosseur première.

Ainsi se comportent toutes les matières, qui plus, qui moins, suivant leur nature. La chaleur les fait augmenter de volume, le refroidissement les fait diminuer. L'air, pour sa part, éprouve des changements de volume considérables, et voilà pourquoi la vessie à demi pleine achève de se gonfler quand on la chauffe et se ride de nouveau si elle est refroidie.

Cela compris, il ne faut pas de longues réflexions pour voir que l'air chaud doit être plus léger que l'air froid. Supposons que, par l'effet de la chaleur, ce qu'il y a d'air dans un vase d'un litre se gonfle jusqu'à remplir deux litres. N'est-il pas vrai qu'un seul litre de cet air chaud pèsera deux fois moins qu'un litre d'air froid, puisqu'il ne garde que la moitié de la matière ? Tout le secret est là.

Mais en voilà bien assez sur ce sujet difficile ; reprenons l'histoire des ballons. Le premier essai public des ballons fut fait le 4 juin 1783, sur la grande place d'Annonay. Toute la ville assistait à la mémorable expérience.

Le ballon, construit en toile doublée de papier, avait une douzaine de mètres de diamètre. A son orifice était installé un réchaud en fil de fer, dans lequel on fit brûler de la paille. La machine gonflée fut abandonnée à elle-même.

Aussitôt elle s'éleva majestueusement, aux acclamations enthousiastes de la foule, surprise et presque épouvantée du spectacle de cette énorme boule qui d'elle-même quittait la terre et plongeait dans le bleu du ciel.

On battait des mains, le regard ébahi et tendu vers l'espace ; on célébrait en des vivats sans fin les noms des papetiers inventeurs du ballon. Quelques vieilles femmes se signaient, se demandant peut-être si la monstrueuse machine, à ventre plein de feu et de fumée, n'irait pas heurter la voûte céleste, la crever, l'incendier.

Pour vous, enfants, pareille crainte semble aujourd'hui ridicule ; vous avez ouï dire qu'il n'existe réellement pas de voûte céleste. L'air seul est cause de cette apparence de coupole bleue.

Parvenu à une hauteur d'environ cinq cents mètres, le ballon d'Annonay resta quelques minutes stationnaire, puis se mit à redescendre pour aller retomber non loin du point de départ.

Pour quel motif redescendait-il ? Parce que l'air, en se refroidissant peu à peu, redevenait plus lourd. A mesure que le refroidissement le gagne, un ballon augmente de poids et descend. Voilà pourquoi, si l'on veut qu'il reste plus longtemps en l'air, on allume du feu à son entrée.

L'essai suivant eut lieu à Versailles, en présence du roi Louis XVI. Per-

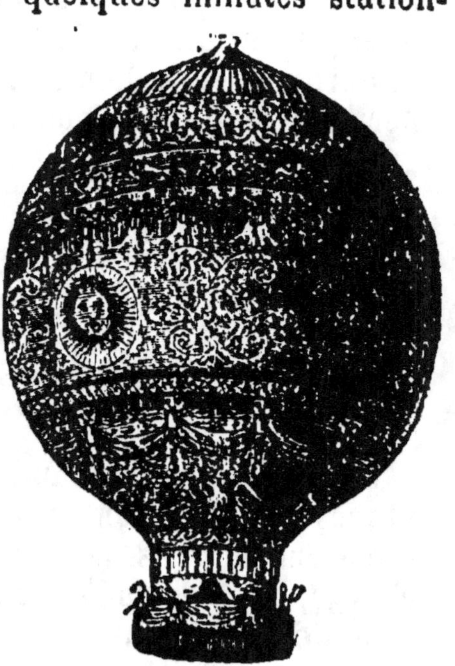

Le ballon de Pilâtre de Rozier.

sonne n'osant encore se fier à la nouvelle machine, qu'on appelait *montgolfière,* du nom des inventeurs, on suspendit au ballon une cage, contenant un mouton, un coq et un canard. Ces premiers voyageurs aériens revinrent sains et saufs ; l'ascension et la descente se firent sans accident.

Bientôt après, deux hardis jeunes gens, Pilâtre de Rozier et le marquis d'Arlandes, s'aventurèrent dans une corbeille d'osier appendue au ballon. La machine aérienne, retenue à l'aide d'une longue corde, s'éleva à plusieurs reprises à une centaine de mètres de hauteur.

La réussite de cette entreprise les encouragea, et le 20 novembre 1783, les deux aventureux voyageurs s'élevèrent dans une montgolfière libre de tous liens. Le ballon traversa Paris dans toute sa largeur, acclamé au passage par la foule, et, sans accident, descendit au bout d'un quart d'heure à deux lieues du point de départ.

Pilâtre de Rozier devait bientôt payer de sa vie son effrayante témérité. Il résolut de traverser en ballon le bras de mer qui sépare la France de l'Angleterre; mais, quelques instants après le départ, le ballon se déchira et l'infortuné jeune homme, précipité du haut des airs, périt fracassé sur la plage.

XIX

LES AÉROSTATS

Les ballons à air chaud ne sont plus maintenant employés par les aéronautes, car, à moins d'avoir un volume énorme, ils ne peuvent emporter qu'une faible charge, le poids de l'air chaud ne différant pas assez de celui de l'air froid.

Ils présentent, en outre, le danger d'être incendiés d'un moment à l'autre par le feu qu'il faut entretenir au-dessous pour maintenir l'air chaud lorsque le voyage aérien doit durer quelque temps.

A la toile doublée de papier on a substitué du taffetas vernissé, et l'air chaud a été remplacé par un gaz nommé *hydrogène,* qui est quatorze fois plus léger que l'air. Les ballons ainsi construits se nomment aérostats.

Les petits ballons roses, les ballons roses de deux sous, qui, retenus par un fil, s'élèvent dans l'air et font la joie du jeune âge, peuvent nous donner une idée suffisante des aérostats. Examinons de près ce curieux joujou.

C'est une poche d'une seule pièce, ronde et très mince. Elle est en *gomme élastique,* matière qui s'étire beaucoup et s'amincit d'autant sans casser. Pour lui donner un aspect plus agréable à l'œil, le fabricant l'a colorée en rose, car la gomme élastique n'a pas d'elle-même cette coloration.

Cette poche ronde est gonflée d'hydrogène, le même gaz que l'on emploie pour les aérostats. Qu'est-ce que l'hydrogène et comment gonfle-t-on un petit ballon rose ? C'est ce que nous enseignera plus tard la chimie, lorsque nous serons plus grands.

Pour le moment, sachons que l'hydrogène est un gaz, une espèce d'air tellement subtil, que la poche en gomme élastique le laisse fuir peu à peu, bien qu'elle ne présente pas le moindre trou.

Voilà pourquoi le ballon rose qui montait si bien la veille est devenu paresseux à l'ascension le lendemain. Encore un peu de temps et, au lieu de s'élever en l'air, il se laissera tomber, il traînera à terre.

Les petits ballons roses et l'aérostat.

L'hydrogène est parti peu à peu de sa prison de gomme élastique, de l'air l'a remplacé, et le ballon, devenu trop lourd, n'a plus la force de monter. Pour lui restituer cette force, il faudrait le gonfler de nouveau d'hydrogène.

D'après cela, vous comprenez que l'enveloppe de toile, même doublée de papier, ne suffirait pas pour retenir ce gaz subtil. Aussi les aérostats sont-ils faits avec un tissu très serré et cependant léger, avec du taffetas que l'on a soin d'ailleurs de rendre impénétrable au gaz au moyen d'une couche de vernis.

L'aéronaute emporte avec lui dans la nacelle des sacs de sable appelé *lest*. Enfin la partie supérieure de l'aérostat est munie d'une soupape que l'aéronaute ouvre et ferme à volonté au moyen d'un cordon qui pend à sa portée.

Lorsqu'il veut descendre, l'homme ouvre la soupape. Une partie de l'hydrogène s'échappe pour faire place à de l'air; et le ballon, devenu plus lourd, descend plus ou moins vite suivant la quantité de gaz perdu.

C'est alors que le lest peut être d'une grande utilité. Si le ballon, en arrivant dans le voisinage de la terre, se trouve au-dessus d'un lieu dangereux, d'un fleuve, d'une forêt, d'un précipice, l'aéronaute doit remonter un peu pour aller plus loin opérer sa descente en un endroit propice.

Il remonte en rejetant hors de la nacelle une partie de sa provision de sable. Le ballon, allégé, remonte aussitôt. C'est de la sorte que l'aéronaute, tant qu'il a du lest à sa disposition, peut choisir le lieu de sa descente. Néanmoins, il lui est impossible de conduire le ballon là où il veut. Le ballon va où le vent le pousse, dans une direction que l'aéronaute n'a pas le pouvoir de changer.

Il y a cependant des gens au mâle courage qui n'hésitent pas à franchir des bras de mer avec cette machine que l'on ne peut diriger. Voici les aventures de celui qui, le premier, osa pareil voyage.

En 1784, un Français, Blanchard, après avoir donné aux Anglais le spectacle d'une ascension aérostatique, conçut le projet de traverser en ballon le détroit qui sépare la France de l'Angleterre, et de partir de Douvres pour arriver à Calais.

Avec un aérostat à hydrogène, Blanchard partit en compagnie du docteur anglais Jefferies. Tout alla bien d'abord.

Les hautes falaises dont la base était blanchie par l'écume des flots, l'immense nappe de la mer ridée par le vent, les vaisseaux qui passaient toutes voiles déployées les innombrables villages disséminés sur la côte, formaient un spectacle ravissant dont les deux voyageurs ne pouvaient se rassasier.

Mais à peine avaient-ils parcouru le tiers du détroit, poussés par un vent favorable soufflant de Douvres vers Calais, qu'une appréhension terrible vint les arracher aux beautés de l'horizon. Le ballon, se dégonflant peu à peu, descendait avec une rapidité croissante et menaçait de tomber à la mer dans un bref délai, loin des côtes, loin de tout secours.

Dépourvus d'appareils de sauvetage, les deux aventureux voyageurs allaient périr dans les flots. Du lest fut jeté. La machine allégée remonta un peu, mais pour bientôt redescendre. Nouvelle perte de lest, qui cette fois est épuisé, et nouvel essor du ballon à quelques dizaines de mètres au-dessus des flots.

La descente recom-

L'aérostat.

mence, plus accentuée que jamais. On jette d'abord les outils qui ne sont pas indispensables, ancres et cordages ; puis, à mesure que le danger devient plus pressant, les provisions de bouche et les vêtements les plus lourds. Rien n'y fait : le ballon perd son gaz en trop grande abondance pour qu'il soit possible de lui communiquer une nouvelle force d'ascension en diminuant convenablement la charge.

N'ayant plus rien à lancer hors de la nacelle, ils jettent leurs derniers vêtements ; du reste, ils seront mieux ainsi pour essayer de se sauver à la nage. Ce dernier sacrifice de lest ne paraît pas améliorer la situation. Alors Jefferies, avec son imperturbable flegme britannique :

— Quand vous le jugerez à propos, Monsieur, je me jetterai à la mer pour amoindrir d'autant le poids de la machine.

— Sauvons-nous tous les deux, ou périssons tous les deux, répond Blanchard ; une dernière ressource nous reste. Nous jetterons la nacelle, et nous continuerons le trajet suspendus par les mains aux cordages.

Ce terrible moyen recevait déjà un commencement d'exécution quand le souffle du vent se ranima et, prenant le ballon en dessous, le poussa rapidement sur les côtes de la France : Blanchard et Jefferies étaient sauvés.

Ils devaient leur salut à une circonstance sur laquelle il était déraisonnable de compter. Pendant les deux à trois heures que dura le trajet, le vent, favorable au moment du départ, n'avait pas varié de direction. Quelle agonie pour les deux téméraires si le vent eût changé, les amenant sur la haute mer !

Voyons maintenant les dangers qui attendent l'aéronaute dans les hautes régions de l'air. La couche d'air qui enveloppe de partout la terre, l'atmosphère en un mot, a pour le moins une quinzaine de lieues d'épaisseur. Or les aéronautes les plus hardis ne sont montés que de deux à trois lieues.

Deux à trois lieues sur quinze, c'est bien peu. Pourquoi ne vont-ils pas plus haut? Ce n'est pas le désir d'atteindre une plus grande élévation qui leur manque, ni le courage nécessaire qui leur fait défaut; mais il arrive un moment où, dans ces hautes régions, la vie est impossible.

Là règne un éternel et morne silence qui porte l'épouvante dans l'âme. La terre cesse d'être visible, ou plutôt les accidents du sol, plaines, vallées, montagnes, se confondent en une nappe brumeuse où le regard ne saisit aucun détail.

Un froid pénétrant, comme on n'en éprouve pas au

milieu des plus grandes rigueurs de l'hiver, vous transit et vous paralyse. Le découragement, le malaise, le vertige, vous saisissent; la respiration devient courte, haletante, parce que l'air, moins abondant à mesure qu'il est situé plus haut, commence à manquer aux poumons.

Les yeux s'injectent de sang, les oreilles bourdonnent, le pouls bat précipitamment; tout enfin annonce que la vie est en péril et qu'il est prudent de ne pas aller plus loin. Écoutez, à ce sujet, le récit de l'une des plus mémorables ascensions aérostatiques, de celle de Glaisher et Coxwell, en Angleterre :

« Nous avons quitté la terre, raconte M. Glaisher, le 5 septembre 1862, à une heure de l'après-midi, par une douce température. Dix minutes après, nous nagions dans un épais nuage qui nous enveloppait de ténèbres impénétrables.

« La couche nuageuse franchie, le ballon s'éleva dans une région inondée de lumière, où le soleil, d'une extraordinaire vigueur, donnait le plus vif éclat à la teinte bleue du ciel. Au-dessus de nos têtes nous n'avions que l'azur du firmament; sous nos pieds, à perte de vue, s'étalait la surface des nuages, imitant des collines, des chaînes de montagnes, des pics isolés, resplendissants de blancheur.

« On eût dit un paysage montueux couvert de neige d'une incomparable pureté. A mesure que nous montions, la terre apparaissait, par moments, à travers les percées qui s'ouvraient dans les nuages.

« En 23 minutes, l'aérostat nous avait élevés à 4,800 mètres, ce qui est à peu près l'altitude du mont Blanc. Pour pareille ascension sur terre il nous eût fallu plusieurs journées de très rudes fatigues. Un bond de plus nous fait atteindre l'altitude du Chimborazo (6,530 mètres). Nous jetons du lest, et en quelques minutes l'aérostat s'élève à 8,180 mètres. Nous montons toujours. Le froid est vif, comme celui d'un très dur hiver.

« Nous étions parvenus à la hauteur de 11,000 mètres

environ, représentée par le plus haut pic de la terre surmonté du plus haut pic des Pyrénées, lorsque Coxwell s'aperçoit que la corde de la soupape s'est entortillée parmi les cordages et grimpe pour la remettre en ordre.

« A ce moment, une paralysie soudaine me gagne le bras droit. Je cherche à me servir du bras gauche : il est également paralysé. Ni l'un ni l'autre n'obéit à ma volonté.

« J'essaye de remuer le corps : j'y parviens à peine, et d'une manière si vague qu'il me semble que je n'ai plus de membres. Je veux au moins lire les indications de mes instruments : ma tête retombe inerte sur mon épaule.

« J'avais le dos appuyé sur le bord de la nacelle et, dans cette position, je regardais Coxwell occupé à débrouiller la corde de la soupape. J'essayais de lui parler sans parvenir à proférer un son. Enfin des ténèbres épaisses m'envahirent : la vue était à son tour paralysée.

« Cependant j'avais encore toute ma connaissance. Je pensais que l'air me manquait, que j'allais être asphyxié si nous ne parvenions à descendre à l'instant. Enfin je perdis connaissance comme si je m'étais brusquement endormi. »

Seul dans la nacelle, Glaisher ne serait certainement pas revenu de ce sommeil subit, annonce de la mort. Restait Coxwell, suspendu aux cordages au milieu de longues chandelles de glace qui pendaient au-dessous du ballon.

A peine eut-il le temps de débrouiller la corde de la soupape. Un froid extrême l'avait saisi ; ses mains engourdies et devenues toutes noires refusaient leur service. Il lui fallut redescendre dans la nacelle et se laisser glisser le long des cordages en se maintenant avec les coudes.

Voyant Glaisher étendu sans mouvement sur le dos, il crut d'abord que son compagnon se reposait, et il lui parla sans obtenir de réponse. Ce silence l'avertit que Glaisher allait mourir.

Il voulut lui venir en aide; mais la paralysie, l'insensibilité le gagnaient rapidement lui-même, et il ne put parvenir à se rapprocher du mourant. Il comprit enfin que, sans retard aucun, il fallait descendre pour ne pas périr l'un et l'autre dans quelques instants.

Heureusement, la corde de la soupape se trouvait à sa portée. Ne pouvant la prendre avec les mains, immobilisées par le froid, il la saisit avec les dents, et en quelques secousses parvint à ouvrir la soupape. Le ballon aussitôt descendit.

Peu après, dans un air moins froid et moins rare, Glaisher reprenait connaissance et donnait ses soins aux mains gelées de son compagnon.

XX

LE VENT

L'eau coule dans le lit du ruisseau, de la rivière, du fleuve; elle secoue, elle fait trembler en la choquant la tige du jonc et du roseau; elle fait tourner la roue du moulin; elle emporte la barque flottant à sa surface; elle renverse les digues, les murailles et autres obstacles s'opposant à son cours.

L'air, ordinairement immobile, coule aussi et mieux que l'eau, en certains moments et en certains lieux, tantôt d'un côté, tantôt de l'autre. Alors il agite les arbres, dont la cime se courbe, se relève, se balance avec un bruissement de feuilles; alors il chasse avec lui les nuages qui voyagent dans les immensités du ciel et vont porter ailleurs soit la pluie, soit la neige.

Alors, sur la mer, il gonfle les voiles du vaisseau, qui s'achemine rapidement vers le but de son voyage; alors, sur la colline, il met en rotation les grandes ailes de toile du moulin à vent et fait ainsi tourner la meule sous laquelle le grain se broie et devient farine.

L'écoulement de l'air peut même acquérir une extrême violence, comparable à celle d'un torrent dévastateur. Alors les arbres sont cassés ou déracinés ; les toitures des habitations sont emportées, les hautes murailles sont renversées.

Eh bien, le *vent*, c'est de l'air qui se déplace, de l'air qui coule et se précipite d'une région dans une autre.

Le moulin à vent.

C'est un cours d'air comme le fleuve est un cours d'eau. Seulement ce courant aérien n'est que temporaire ; il dure quelques heures, quelques jours, puis s'arrête pour recommencer tôt ou tard, soit dans la même direction, soit dans une direction différente.

De plus, ce fleuve d'air est énorme. De sa largeur il recouvre des provinces entières, et sa hauteur peut atteindre des centaines et des milliers de mètres. Quand le vent souffle à terre, regardez au-dessus de vos têtes. De grands nuages fuient, projetant tour à tour leur ombre sur le sol. C'est le vent qui les chasse, le même vent qui règne autour de nous ; ils sont entraînés par le courant aérien, de même que des feuilles mortes sont entraînées par le courant de l'eau.

Le flot de l'air en mouvement monte donc jusque là-haut. Sa couche inférieure court sur la plaine ; ses couches supérieures atteignent et dépassent la cime des montagnes.

Quant aux rives du fleuve aérien, elles sont formées, au voisinage du sol, par les grandes inégalités du terrain ; plus haut, elles sont indécises, très changeantes et consistent en barrières d'air immobile.

Parfois deux courants coulent au-dessus l'un de l'autre, sans se mélanger, et dans des directions contraires. Celui d'en bas, par exemple, coule du nord au midi; celui d'en haut, du midi au nord. C'est ce que l'on reconnaît à la marche inverse des nuages, situés à des hauteurs différentes.

D'où provient le vent? Quelle cause le produit? C'est ce que nous allons apprendre au moyen de quelques expériences très faciles que chacun de nous pourra répéter à loisir.

Au-dessus d'un poêle bien chaud secouons une mèche de papier allumé; nous verrons les parcelles réduites en charbon s'élever en tourbillonnant et monter plus ou moins haut, quelquefois jusqu'au plafond. Ces morceaux de papier brûlé, si légers qu'ils soient, ne montent pas tout seuls; il faut qu'un courant les entraîne.

Les parcelles de papier brûlé qui montent au-dessus d'un poêle chaud.

Eh bien, ce courant est produit par l'air, qui s'échauffe au contact du poêle, devient de la sorte plus léger et s'élève, aussitôt remplacé par de l'air froid s'échauffant et montant à son tour.

Bien que l'air soit invisible, son ascension est rendue manifeste aux regards par les parcelles de papier brûlé entraînées, de même que le mouvement insensible d'une eau presque dormante est accusé par le déplacement des objets flottant à la surface.

L'expérience que voici vous plaira davantage. Dans

une feuille de papier taillez un rond large comme la main ; puis, avec des ciseaux, découpez ce rond en un ruban spiral en suivant une ligne qui, partant du bord, se rapproche de plus en plus du centre.

Appuyez le milieu de cette spirale sur la pointe d'un fil de fer disposé verticalement au-dessus du poêle, ou bien fixez-le à un fil long et menu ; alors abandonnez le ruban de papier à lui-même. Il se développera, par son poids, en une sorte de tire-bouchon, large à la base, rétréci au sommet, au point où le fil de fer lui donne appui.

Si le poêle est bien chaud, vous verrez ce tire-bouchon tourner, pareil à une ingénieuse mécanique. La cause de cette rotation est celle-ci :

La surface du ruban de papier se présente un peu de travers au courant d'air chaud qui monte, et de l'impulsion ainsi reçue dans toute

Le ruban spiral de papier qui tourne au-dessus d'un poêle chaud.

la longueur du ruban résulte la mise en action de la petite machine.

De la même manière tourne la roue d'un moulin en entier plongée dans l'eau qui se meut ; de la même manière tournent les ailes du moulin à vent sous la poussée de l'air qui coule.

Voilà qui est tout clair d'après ces deux expériences : l'air chaud se met en mouvement et monte, tandis que de l'air froid arrive et le remplace. Si l'on veut rendre sensible cette arrivée de l'air froid accompa-

:gnant le départ de l'air chaud, on s'y prend comme il suit :

Deux appartements sont contigus, l'un est chauffé et l'autre non. Ouvrons la porte de communication et mettons une bougie allumée tantôt dans le bas de l'ouverture, tantôt dans le haut.

Si la bougie est au haut de la porte, nous verrons sa flamme se coucher et se diriger de la pièce chaude vers la pièce froide. Qu'est-ce que cela prouve ?

Cela prouve que dans le haut de l'ouverture il y a un courant d'air chassant la flamme, et ce courant est composé d'air chaud puisqu'il se dirige de la pièce chauffée vers celle qui ne l'est pas.

Maintenant mettons la bougie au bas de la porte : la flamme se couchera encore, mais en sens inverse ; elle se dirigera de l'appartement froid vers celui qui est chauffé.

Voilà rendue sensible l'arrivée de l'air froid, qui accourt par le bas de la porte, arrive de l'appartement non chauffé et vient remplacer l'air disparu de l'appartement chauffé.

L'air chaud s'échappe par le haut de la porte, et l'air froid entre par le bas.

C'est le même courant d'air froid qui gémit par le trou des serrures et siffle par les jointures des portes en pénétrant du dehors dans une pièce où l'on fait du feu ; c'est enfin ce courant d'air froid qui parfois glace les pieds quand on est assis devant un foyer bien garni.

De la même manière se produit le vent. L'air se réchauffe difficilement aux seuls rayons du soleil, ainsi que le prouve le froid des hautes régions de l'atmosphère.

Mais il s'échauffe très bien au contact des objets terrestres, qui lui cèdent une partie de leur chaleur, et surtout au contact du sol, échauffé lui-même par le soleil. C'est ainsi que nous venons de voir l'air s'échauffer au contact du poêle, monter alors et faire tourner la spirale de papier.

Devenu plus léger, l'air chaud s'élève, tandis que l'air froid des contrées voisines accourt prendre sa place. Il se produit ainsi un double courant : l'un supérieur, allant de la contrée chaude à la contrée froide; l'autre inférieur, dirigé de la contrée froide vers la contrée chaude.

C'est en tout pareil à ce qui se passe quand on ouvre la porte de communication de deux appartements inégalement chauds. Résumons en disant que le vent a pour cause l'inégale distribution de la chaleur sur la terre.

XXI

LES ORAGES

Voici que de gros nuages s'amoncellent au-dessus de l'horizon. Éblouissants de blancheur et mollement arrondis, ils ressemblent à d'énormes montagnes de coton cardé.

L'entassement nuageux gagne en épaisseur et en étendue, il envahit le ciel, il cache le soleil. Ne recevant plus de lumière, les beaux nuages blancs du début deviennent alors d'un gris sombre avec de grands espaces presque noirs.

C'est maintenant une nuée confuse, ténébreuse, tantôt continue, tantôt déchirée en lambeaux. Au loin, on en voit descendre comme un large rideau brumeux qui joindrait le ciel à la terre. Ce rideau, plus obscur que le reste, est une averse de pluie qui tombe.

Chassée par le vent, la nuée avec son averse sera bientôt ici. Hâtons-nous de rentrer si nous ne voulons pas être mouillés. Mais, tout en gagnant notre abri, ne négligeons pas de voir un peu comment les choses se passent, car il n'est guère de spectacle plus instructif, plus imposant que celui d'un orage.

Oh ! quel éclair !... De l'épaisseur de la nuée a jailli une lumière si vive, que le regard n'a pu en supporter l'éclat ; si brusque, qu'elle nous a fait tressaillir de surprise ; si prompte, qu'elle n'a pas eu la durée d'un clin d'œil.

Attendez un peu, écoutez... c'est fait : le tonnerre gronde. D'un nuage à l'autre semble rouler un fracas d'écroulement. Rassurez-vous, enfants ; si fort que soit le tonnerre, tout péril a cessé lorsque l'éclair a lui.

Rassurez-vous et causons un peu. Quand j'étais tout petit, je me figurais que le tonnerre était produit par une grosse boule de fer roulant sur la voûte du ciel, faite d'un métal retentissant. Si la voûte crevait en un point, la lourde boule se précipitait à terre et le tonnerre tombait.

D'autrefois, le tonnerre était pour moi un chariot lourdement chargé de ferraille. Il roulait sur une voûte sonore. Sous les roues parfois une étincelle jaillissait, comme jaillit l'étincelle sous le sabot d'un cheval qui heurte un caillou : c'était l'éclair.

La voûte était glissante, bordée de précipices. S'il arrivait que le char versât, la charge de ferraille tombait à terre, écrasant gens, arbres, habitations.

Je ris aujourd'hui de mon explication enfantine, et vous en riez vous-mêmes, tout en ayant dans l'esprit des explications qui ne valent pas davantage, et reposent peut-être sur l'idée d'une voûte sonore.

S'il en est ainsi, disons-le encore pour la dernière fois : la voûte bleue du ciel est une simple apparence, occa-

sionnée par l'air qui enveloppe la terre et qui, sous une
grande épaisseur, est d'une belle couleur bleue.

Autour de nous, il n'y a pas de voûte, il y a simplement une épaisse couche d'air, l'atmosphère en un mot;
et par delà cette enveloppe d'air il n'y a plus rien jusqu'à des distances prodigieuses, où commence la région
des astres.

— Nous faisons bon marché de la voûte bleue, me
répondrez-vous ; nous sommes tous persuadés qu'il n'y en a point. Après ?

— Après... Voilà où commence le difficile. Savez-vous, mes enfants, que vos questions sont parfois bien embarrassantes ! Après ? c'est bientôt dit, et, pénétrés d'une confiance sans bornes dans le savoir du maître, vous at-

Les fils du télégraphe électrique.

tendez la réponse, qui·va, vous n'en doutez pas, satis-
faire votre curiosité.

Il faudrait cependant se bien mettre dans l'esprit qu'il
y a une foule de choses au-dessus de votre intelligence et
pour lesquelles il faut attendre une raison plus mûre.
Avec l'âge et l'étude beaucoup de choses s'éclairciront
qui maintenant sont ténèbres pour vous.

De ce nombre est la cause du tonnerre. Je veux bien
vous en dire quelques mots; mais, si vous ne comprenez
pas tout à fait, ce ne sera pas de ma faute, car la chose
est trop difficile pour vous.

Vous avez entendu souvent le mot d'*électricité*. Vous

avez vu, le long des chemins de fer, de gros fils de métal rangés en lignes et supportés par des poteaux. On vous a dit que c'étaient les fils du télégraphe électrique.

L'électricité produite par l'industrie de l'homme circule dans ces fils, et c'est elle qui transmet les signaux d'une dépêche avec une rapidité inconcevable, si grande que soit la distance.

Vous avez vu peut-être l'éclairage électrique. Dans des candélabres où ne brûle ni gaz, ni mèche, ni huile, resplendit une lumière rivalisant d'éclat avec celle du soleil. Cette lumière est produite par de l'électricité, qui jaillit continuellement entre deux pointes en regard l'une de l'autre.

Eh bien, cette électricité que nous savons produire pour nous éclairer, transmettre à distance notre pensée et nous rendre une foule d'autres services, se trouve aussi fréquemment et en abondance dans les nuages.

Mais qu'est-ce que l'électricité? C'est quelque chose d'infiniment subtil, qui se trouve partout, même en nous, et se tient habituellement si tranquille qu'il est impossible d'en soupçonner la présence. Divers moyens la font apparaître avec ses curieuses propriétés.

Voulez-vous connaître un de ces moyens, voulez-vous voir un des effets de l'électricité? Faites alors l'expérience que voici :

En hiver, lorsque la bise souffle froide et sèche, prenez sur vos genoux le chat qui sommeille à côté du poêle bien chaud ou devant l'âtre qui flambe : mettez-vous dans l'obscurité, puis passez, repassez doucement la main sur la fourrure de la bête.

Vous verrez le poil du chat ruisseler de perles lumineuses ; de petits éclairs d'une lueur blanche jailliront, pétillant et disparaissant à mesure que la main frictionne. On croirait voir les étincelles d'un feu d'artifice allumé dans la fourrure. N'allons pas plus loin sur ce sujet difficile ; la physique plus tard nous expliquera cela tout au long.

Or, de même que dans l'éclairage électrique l'électricité jaillit continuellement entre les deux pointes qui se font face, de même qu'entre les mains et la fourrure du chat éclatent de petits jets électriques, de même aussi, pendant un orage, l'électricité s'élance, par moments, d'un nuage à l'autre ou d'un nuage vers la terre.

Ce jet électrique est une immense étincelle, un long ruban de feu d'où résultent l'éclair et le tonnerre ; son nom est la *foudre*.

Pour voir ce trait de feu, pour voir la foudre, il faut vaincre une frayeur bien excusable à notre âge et regarder avec attention les nuées, centre de l'orage.

D'un moment à l'autre, on voit alors serpenter un trait éblouissant, simple ou ramifié, et d'une forme sinueuse très irrégulière. La fournaise ardente, les métaux chauffés à blanc n'ont pas son éclat ; seul, le soleil fournit un terme de comparaison digne des splendeurs de la foudre.

Le chat, frictionné de la main, donne des étincelles électriques.

La soudaine lueur jetée par le trait de la foudre c'est *l'éclair*. Le bruit retentissant produit par l'explosion de l'énorme étincelle électrique c'est le *tonnerre*. Deux choses nous avertissent donc de l'explosion de la foudre : la lumière et le bruit, l'éclair et le tonnerre.

Pareillement, quand on décharge une arme à feu, il y a la lueur produite par l'inflammation de la poudre et le bruit résultant de cette inflammation. Sur les lieux où l'explosion se fait, lumière et bruit éclatent au même instant.

Mais pour des personnes éloignées, la lumière, incomparablement plus rapide dans sa marche, arrive avant le son, plus lent dans sa propagation. Si l'on prête attention à la décharge d'un fusil faite à une distance un peu considérable, on aperçoit d'abord l'éclair et la fumée de l'explosion, et l'on n'entend le bruit que quelque temps après, d'autant plus tard que le lieu de l'explosion est plus éloigné.

De même, si l'on regarde à distance un bûcheron qui fend du bois, un maçon qui taille une pierre, on voit la hache s'abattre sur le bois, on voit le maillet taper la pierre, et quelque temps après on entend le choc.

Cela provient de ce que la lumière parcourt un immense trajet dans un temps excessivement court, tandis que le son parcourt seulement 310 mètres par seconde. C'est une belle rapidité, comparable à celle du boulet au sortir de la gueule du canon ; mais, après tout, elle n'est rien par rapport à l'inconcevable vitesse de la lumière.

Nous avons là un moyen de savoir à quelle distance on se trouve d'un nuage orageux : il suffit de compter le nombre de secondes qui s'écoulent entre l'instant de l'apparition de l'éclair et l'instant où le tonnerre commence à se faire entendre.

Une seconde est à peu près la durée d'un battement du pouls. Il suffit d'ailleurs de compter un, deux, trois, quatre, etc., sans se presser, mais sans y mettre non plus trop de lenteur, pour avoir environ le nombre de secondes.

Surveillez l'instant où un éclair luira dans les nuages et comptez lentement jusqu'au moment où vous entendrez le tonnerre. Si l'explosion avait lieu tout près de vous, le tonnerre s'entendrait à l'instant même de l'éclair ; mais, si la foudre éclate à distance, le bruit du tonnerre nous arrivera après l'éclair.

L'œil au guet, l'oreille attentive, vous êtes tous en observation. Chut ! L'éclair ! Un... deux... trois... quatre...

cinq... six...; à douze, le tonnerre gronde. Il a fallu douze secondes au bruit de l'explosion électrique pour nous arriver.

A quelle distance sommes-nous des nuages d'où la foudre jaillit? Nous en sommes à 12 fois 340 mètres, 4,080 mètres, une lieue et plus. N'est-ce pas là calcul facile et digne d'intérêt? On compte un, deux, trois, quatre, etc., et sans bouger de place on sait à quelle distance la foudre vient d'éclater.

Plus il s'écoule de temps entre l'apparition de l'éclair et l'arrivée du bruit, plus loin est le nuage orageux. Quand le bruit arrive en même temps que l'éclair, l'explosion a lieu tout près.

Je vous ai déjà prévenus qu'on ne risque plus rien quand on a vu l'éclair. Vous en saurez maintenant la raison. La foudre est aussi rapide que la lumière. L'explosion électrique est donc terminée une fois que l'éclair a lui, et tout danger est passé, car le bruit du tonnerre, si violent qu'il soit, ne peut faire aucun mal.

C'est le trait de la foudre qui seul est à craindre. A ce sujet je vous apprendrai qu'en campagne il serait très imprudent, pendant un orage, de chercher un refuge contre la pluie sous un arbre, surtout s'il est grand et isolé.

Si la foudre doit tomber aux environs, ce sera de préférence sur cet arbre. Les tristes exemples de personnes foudroyées qu'on déplore chaque année se rapportent, pour la plupart, à de malheureux imprudents abrités de la pluie sous le couvert d'un grand arbre.

XXII

LA CHALEUR SOLAIRE

D'où vient la pluie? Des nuages. — D'où proviennent les nuages? Des vapeurs fournies par les mers. — Comment se forment ces vapeurs ? Par l'évaporation des eaux qu'échauffe la chaleur du soleil.

Sans le soleil, pas d'évaporation, pas de nuages, pas de pluie, pas de neige, dont l'origine est la même ; pas de vent non plus, car le vent est de l'air qui se déplace entre deux régions inégalement chaudes.

C'est le soleil qui forme les nuages, c'est lui qui fait neiger et pleuvoir, c'est lui qui fait souffler le vent. Sa chaleur est cause de l'orage, du trait de la foudre et du roulement du tonnerre.

Et toutes ces choses sont indispensables à la prospérité générale. Au lieu de retomber inutiles sur les mers qui les ont fournies, les vapeurs sont amenées par le vent au-dessus des terres, qu'elles fertilisent de leurs pluies. Les nuages sont comme d'immenses arrosoirs qui voyagent poussés par le souffle des vents.

L'orage, avec ses coups de foudre et ses retentissants tonnerres, est le purificateur de l'air. Nous brûlons des torches de paille et de papier dans les appartements qu'il faut assainir ; avec ses longs traits de feu, la foudre remplit un rôle analogue dans l'étendue de l'atmosphère.

Chacun de ces éclairs qui nous font tressaillir de frayeur, chacun de ces coups de tonnerre qui nous remplissent de crainte, est un acte du grand travail de purification qui s'opère en faveur de la vie. Et qui ne sait avec quelles délices, après un orage, la poitrine s'emplit d'un air plus pur.

Réunissant leurs eaux, les rivières forment les fleuves, les ruisseaux forment les rivières, et les sources forment les ruisseaux. Mais ces sources, d'où proviennent-elles ?

Elles proviennent des eaux pluviales infiltrées dans le sol, ou bien des neiges amassées sur les hautes montagnes et lentement fondues ; elles proviennent enfin des vapeurs envoyées de la mer dans l'atmosphère par la chaleur du soleil.

C'est donc le soleil qui fait couler la rivière et le fleuve ; c'est le soleil qui fait bruire le ruisseau sur son lit de cailloux ; c'est le soleil qui fait surgir la source et l'alimente d'une eau toujours et toujours renouvelée.

A la chaleur du soleil sont dues les pluies, les sources, les eaux courantes, sans lesquelles la terre, desséchée, aride, ne pourrait nourrir ni la plante ni l'animal.

Le courant du fleuve amène dans les plaines des limons fertilisants ; il transporte de lourds fardeaux : embarcations chargées de marchandises, radeaux de bois de chauffage ou de poutres de sapins destinées au charpentier et au menuisier. Le ruisseau fait tourner la roue du moulin et met le froment en farine.

Le moulin.

Utilisées par nous, les eaux courantes travaillent. Leur force vient de leur mouvement, de leur chute, de leur descente. Mais, pour descendre, il faut d'abord avoir monté. Qui donc a élevé les eaux courantes jusqu'aux sources d'où elles viennent et d'où elles se rendent à la mer toujours en descendant ?

C'est le soleil. Sa chaleur a élevé jusqu'aux plus hautes cimes les vapeurs de la mer, devenues plus tard pluie ou neige. Les cours d'eau, résultant des pluies et des neiges, suivent désormais les pentes du sol dans leur retour à la mer et acquièrent, par la descente, la force que nous utilisons.

Lorsque vous entendrez le tic-tac du moulin au milieu des peupliers et des aunes, lorsque vous verrez sur le fleuve descendre un énorme radeau de bois de chauffage ou de bois de construction, rappelez-vous que c'est le soleil qui met tout cela en mouvement, puisque les eaux du fleuve et du ruisseau lui doivent de pouvoir descendre.

Songez aussi que le navire à voiles voyage poussé sur les flots par le vent; que le moulin établi sur le haut de la colline meut ses grandes ailes de toile sous le souffle du vent. C'est encore le soleil qui pousse le navire, c'est encore le soleil qui fait tourner le moulin, puisqu'il est le générateur du vent.

Un chêne vient d'une semence, d'un gland. D'abord pas plus haut que le petit doigt, il grandit avec les années et devient enfin arbre énorme, que le bûcheron abattra pour fournir du bois à nos foyers, ou bien que le charbonnier brûlera à demi pour obtenir le charbon destiné à nos fourneaux.

Comment le petit arbre venu du gland a-t-il formé tout ce bois, comment a-t-il amassé tout ce charbon? C'est à l'aide du soleil, sans lequel tout végétal rapidement dépérit. Voyez, en effet, comme une plante cachée dans l'ombre, sous une pierre, pâlit, blanchit et se meurt affamée.

La bûche est mise dans le foyer, le charbon est mis dans le fourneau. Ils brûlent. Voilà de la chaleur pour nous garantir des rigueurs de l'hiver, pour préparer nos aliments. D'où vient-elle? Du bois et du charbon sans doute, et en remontant plus haut, du soleil, car sans le soleil est impossible le travail de végétation créant le bois.

Par une rude journée d'hiver, ah! qu'il fait bon devant l'âtre bien garni de tisons ardents! Au dehors, la neige tourbillonne, des chandelles de glace pendent au bord des toits; au coin du foyer, une douce chaleur vous pénètre, vous ranime.

En ce moment de délicieux bien-être, n'oubliez pas d'où vient la chaleur des tisons. Elle vient du soleil, qui l'. amassée, emmagasinée pour ainsi dire dans le bois, n. .u travail de ses rayons. C'est la chaleur de l'été qui, mise en réserve par le soleil dans des rondins de chêne, nous réchauffe l'hiver.

La houille est du charbon; elle a pour origine des végétaux antiques dont les races n'existent plus aujourd'hui. Ces végétaux des anciens âges ont fait comme les végétaux actuels; ils ont amassé dans leur bois et leur charbon la chaleur du soleil.

La machine à vapeur.

Avec la houille se chauffent les foyers de nos machines à vapeur, qui filent, tissent, impriment, fabriquent le papier, travaillent les métaux et font mille métiers. L'une d'elles est la locomotive des chemins de fer, sorte de bête de somme artificielle qui, en guise de fourrage, s'alimente de houille.

Quand vous la verrez passer avec son blanc panache de vapeur et sa longue file de voitures où trouve place toute une population de voyageurs, si l'on vous demande qu'est-ce qui la fait mouvoir, répondez hardiment : c'est le soleil.

Le chemin de fer et la locomotive.

C'est le soleil, en effet, car elle chemine poussée par la force de la vapeur, et cette vapeur vient de l'eau chauffée par la houille, et cette houille doit sa chaleur au soleil.

Supposons-nous maintenant en hiver. Les arbres ont

perdu leur feuillage, ils étalent tristement leurs rameaux nus; la campagne est privée de verdure et de fleurs; la végétation semble frappée de mort. Pourquoi cela? Parce qu'il ne fait pas assez chaud.

Mais la chaleur revient, et voilà que les gazons verdoient, que les semences germent, que les bourgeons déploient leurs premières feuilles, que les oiseaux, jusque-là muets, reprennent leurs gazouillements. C'est le réveil des bois et des champs, le réveil des fleurs, de l'animation, de la vie. Un peu de chaleur, venue du soleil, est cause de cette résurrection.

La chaleur augmente et la moisson monte, verte d'abord, puis blonde et, finalement, chargée d'épis alourdis de grains. La grappe se colore, pleine d'un jus sucré, les fruits mûrissent, des semences de toute sorte enrichissent les champs.

Nous devons donc au soleil le pain, fourni par le froment; le vin, donné par la grappe; l'huile, retirée de l'olive et de la noix. Nous lui devons toute notre nourriture, depuis le moindre fruit, la mûre des buissons, jusqu'au succulent gigot de mouton.

Oui, le gigot de mouton, car le mouton se nourrit de l'herbe; et, sans le soleil, l'herbe ne pousse pas. Toute créature doit au soleil ce qui la fait vivre. Sans le soleil, pas de gazon et, par conséquent, pas d'agneau; sans agneau, pas de loup et autres mangeurs de chair, parmi lesquels le premier est l'homme.

Le chardonneret lui doit la semence qu'il va cueillir sur la tête mûre des chardons; le moineau lui doit la cerise, qu'il goûte dans nos vergers avant nous; le plus petit insecte, caché sous l'herbe, lui doit jusqu'à la moindre de ses bouchées.

La chaleur du soleil est la source première du mouvement et de l'activité, de l'animation et de la vie sur la terre.

DEUXIÈME PARTIE

LES ANIMAUX

I

LE CHIEN

Le chien est le plus précieux de nos animaux domestiques, le compagnon et l'ami de l'homme autant que son serviteur. Nous en possédons diverses races, différant entre elles par la taille, le poil, l'aspect et surtout les aptitudes.

Et d'abord le *Mâtin*, le vigilant gardien de la ferme, le courageux protecteur du troupeau. C'est un animal robuste, hardi, d'assez grande taille, à poils courts sur le dos, plus longs sous le ventre et à la queue. Il a la tête allongée, le front aplati, les oreilles dressées à la base et pendantes au bout, les pattes fortes, la mâchoire vigoureuse. Le blanc, le noir, le gris, le brun, sont les couleurs de son pelage.

Le mâtin a les mœurs rustiques, l'odorat obtus, l'intelligence peu développée. On lui reproche aussi de ne pas être des plus dociles et de ne pas prodiguer ses caresses. Quand on mène rude vie aux pâturages des montagnes, il est bien difficile de posséder les caressantes gentillesses du chien désœuvré.

Le mâtin a les qualités de son état. Que le loup paraisse, et, sans regarder s'il est le plus fort ou le plus faible, le vaillant chien se jettera sur la bête et l'appréhendera par la peau du cou, dût-il périr dans la bataille. Le mâtin ne pèse pas le danger, il va droit où son devoir l'appelle, noble qualité qui familièrement fait dire de quel'u'un d'énergique et de résolu : c'est un bon mâtin.

Nous n'aurons pas moins d'estime pour le *Chien de berger*. Celui-ci est d'une grandeur moyenne, ordinairement noir, à poils longs sur tout le corps, excepté sur le museau. Il a les oreilles courtes et droites, la queue pendante ou horizontale.

Le mâtin est le défenseur du troupeau, le chien de berger en est le conducteur. Le premier a pour lui la force brutale, vigueur de corps et puissance de mâchoire ; il donne hardiment la chasse aux loups, mais il n'a rien des qualités nécessaires pour la conduite du troupeau. Cette fonction, toute d'intelligence, revient au chien de berger.

Tandis que le maître repose à l'ombre ou distrait ses loisirs en soufflant dans la flûte de buis, lui, posté sur une élévation voisine, inspecte du regard le troupeau et veille à ce que nul ne s'écarte des limites du pâturage.

Faut-il rassembler les brebis dispersées ? Sur un signe du maître, le voilà parti. Il fait le tour du troupeau, aboyant d'ici, houspillant de là, et chasse devant lui, de la circonférence au centre, l'errante multitude, qui redevient en quelques instants groupe compact. Sa mission remplie, il retourne au berger, attendant de nouveaux ordres, un mot, un geste, un simple regard.

Par la taille et la force, le *Danois* se rapproche du mâtin ; mais il s'en distingue aisément par le pelage, qui d'habitude est blanc, avec de nombreuses taches rondes. C'est un magnifique chien, peu répandu, gardien des grandes maisons, ami des chevaux, et dont la fonction favorite est de précéder en jappant la voiture de son maître.

Le *Lévrier* est doué d'une tête plus effilée, d'un museau plus allongé que dans aucune autre race. Il a les oreilles à demi tombantes et dirigées en arrière, la poitrine étroite, le ventre évidé, comme amaigri, les jambes hautes et fines, la queue longue et mince, la taille élancée. C'est le chien le plus rapide. Il force le lièvre à la course, et c'est de là que lui vient son nom.

L'*Épagneul* est ce beau chien caractérisé par sa tête fine, par un poil long et souple, abondant surtout aux oreilles, qui sont pendantes et soyeuses, et à la queue, qui forme panache touffu. Nul mieux que lui n'a le regard aimable et doux. L'attachement au maître, l'intelligence se lisent dans ses yeux.

A ce mérite joignons cet autre que l'épagneul est un expert chasseur. Dans cette race se trouvent les chiens à nez fendu, ou chiens à nez double. Cette particularité ne paraît rien ajouter à la finesse du flair.

Le *Barbet*, autrement dit *Caniche* ou *Chien-Mouton*, est renommé par son intelligence exceptionnelle, sa douceur de caractère, sa fidélité sans égale. Qui ne connaît le barbet avec sa grosse tête ronde, pleine de bonhomie, ses longues oreilles pendantes, ses jambes courtes, son corps trapu, sa fourrure longue, fine et frisée, presque semblable à de la laine et qui lui a valu le nom de *chien-mouton*?

A demi tondu pour sa toilette d'été, il est plus beau encore. La moitié postérieure du corps est tondue et montre la peau rose; la moitié antérieure est couverte d'une épaisse crinière. Une houppe coquette surmonte la queue, d'élégantes manchettes ornent les pattes, le museau porte moustache et barbiche.

Mouton, appelons-le ainsi, comme il est d'usage, Mouton est passé maître dans les arts d'agrément. Il fait le mort, il donne la patte, saute par-dessus la canne tendue, se tient debout avec le morceau de sucre sur le nez, fait l'exercice, l'arme au bras et chapeau de papier crânement sur l'oreille. Mouton est le savant de la famille. Avec une éducation soignée, on arrive à fourrer les choses les plus étonnantes dans sa bonne tête de chien.

Le *Chien courant* est le chasseur par excellence. Il a

le flair d'une finesse extrême, qui lui permet de reconnaître le trajet suivi par le gibier rien qu'à l'odeur des émanations laissées par le passage de la bête. Guidé par un fumet insensible pour tout autre nez que le sien, il

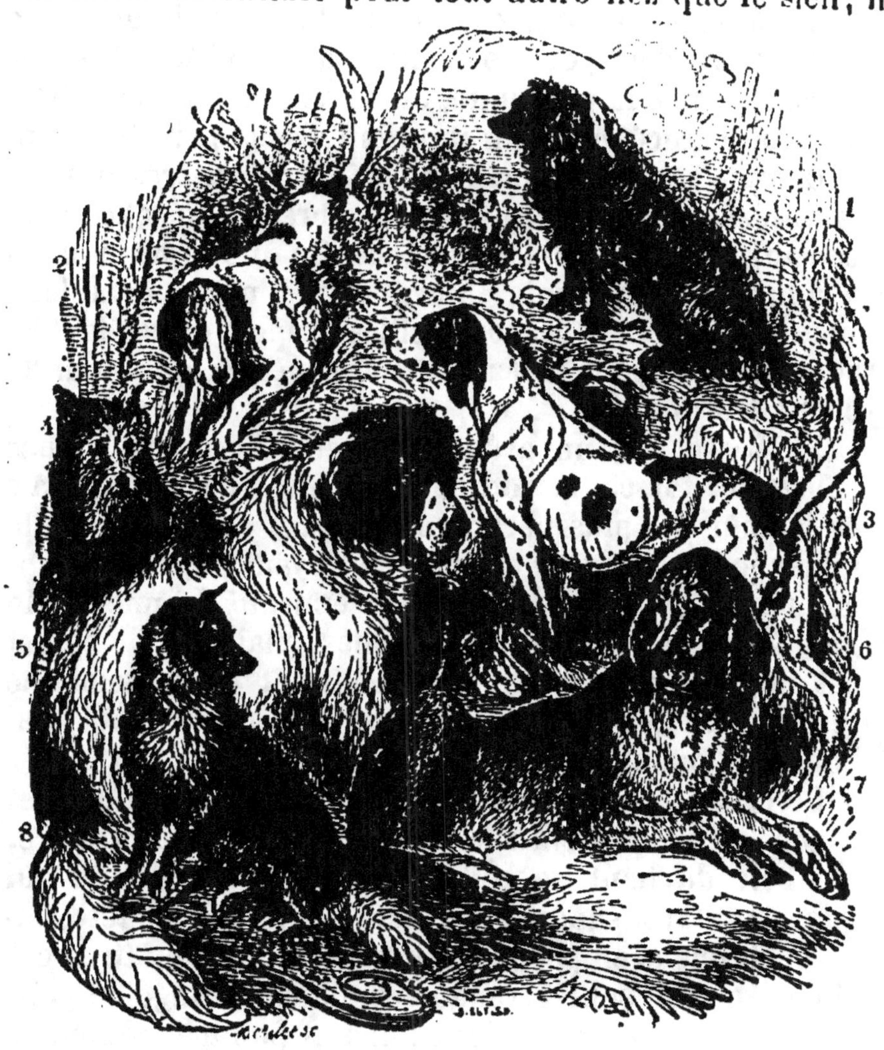

DIVERSES RACES DU CHIEN

1. Petit griffon. — 2. Braque français. — 3. Chien d'arrêt. — 4. Chien de berger.
5. Terre-neuve. — 6. Chien courant. — 7. Limier. — 8. Roquet.

arrive droit au lièvre comme s'il l'avait eu constamment sous les yeux.

Il a dans ses narines un sens merveilleux, dont notre odorat est la très imparfaite ébauche, un sens supérieur en délicatesse à la vue, que la distance et le manque de lumière mettent en défaut, tandis que l'éloignement et l'obscurité n'apportent pas de trouble à l'infaillibilité de son nez.

Que le lièvre, échauffé par la course, ait seulement frôlé de son dos en sueur une touffe de buissons, cela suffit et au delà pour le mettre sur la piste ; et à voir l'assurance de la poursuite, on s'imaginerait que la bête chassée a tracé dans l'air un sillon visible pour le chien.

Comme son nom l'indique, le *Basset* est très bas sur jambes. Il a de plus les quatre membres tordus et comme estropiés, ceux de devant surtout. On dirait que le chien a subi quelque violente entorse dont il n'a pu complètement guérir. Sa tête, ses oreilles amples et pendantes, son poil ras, sont à peu près les mêmes que pour le chien courant.

Le basset est un ardent chasseur. Avec ses jambes courtes et torses, il trottine plutôt qu'il ne court ; mais sa lenteur est plus perfide que l'élan, car elle laisse le gibier jouer et muser en sécurité devant lui. Sans soupçonner l'approche de l'insidieux ennemi, Jeannot lapin gambade et se frise les moustaches ; mais déjà le basset est nez à nez avec lui, l'immobilisant d'une soudaine terreur. Le coup part : c'en est fait de Jeannot, qui bondit et retombe inerte sur le serpolet.

Le *Chien-Loup* est le favori des voituriers. Pétulant et rageur, il va, revient sur le chargement d'une voiture, et aboie du haut de cette forteresse aux enfants qui l'agacent. Il est superbe de colère, avec sa petite tête léonine, sa queue en panache fortement roulée en tire-bouchon, son joli collier rouge à grelots et frange de poils de renard. Il a les oreilles droites et pointues comme le chien de berger, le museau effilé, le pelage court sur la tête et les pattes, long et soyeux sur tout le reste du corps.

La figure rébarbative et brutale du *Dogue* frappe tout d'abord le regard. Considérons sa tête grosse et courte ; son épais museau et son nez épaté, parfois fendu ; sa lourde lèvre supérieure, qui pend de chaque côté avec

un filet de salive, tandis qu'elle bâille antérieurement et
laisse apercevoir les dents; ses yeux petits, sans expression; ses oreilles déchirées de morsures, rendues

DIVERSES RACES DU CHIEN

1. — Chien loup. — 2. Chien océanien. — 3. Chien de la Nouvelle-Hollande.
4. Lévrier. — 5. Levrette. — 6. Braque du Bengale. — 7. Doguin.

plus laides par l'amputation; considérons tous ces caractères de rudesse, et nous verrons que le dogue est
fait pour le combat.

Son don à lui est le don de la mâchoire qui happe et

ne lâche plus. Quand il croise ses crocs dans la peau d'un adversaire, n'attendez plus qu'il desserre la mâchoire : un étau ne tient pas plus ferme. Rappels, menaces, coups, rien ne parvient à séparer deux dogues crochetés entre eux ; il faut les saisir et les mordre à pleine dents au bout de la queue. La vive douleur de la morsure peut seule les tirer de leur convulsif acharnement.

L'audace, la force, l'indomptable ténacité dans la bataille, ainsi que l'attachement pour son maître, font de ce chien un précieux défenseur, qu'il fait bon avoir à ses côtés en mauvaise rencontre. Pour laisser à l'ennemi le moins de prise possible, on est dans l'usage de couper au dogue la queue et les oreilles ; on lui protège en outre le cou d'un collier armé de pointes de fer. Cette belliqueuse race est en faveur surtout en Angleterre, où le nom général du chien est *dog*. De ce mot nous avons fait dogue.

II

LE MOUTON. — LE BŒUF. — LA CHÈVRE

1. Le Mouton. — Nulle autre espèce, le chien excepté, n'a subi entre nos mains des changements aussi profonds que le mouton. On trouve en Afrique, à Madagascar et dans l'Inde, une race de moutons dont la queue, chargée de droite et de gauche d'un pesant amas de graisse, est transformée en une sorte de battoir énorme, plus large à sa base que le corps lui-même. Le poids de ce gênant appendice atteint et dépasse une trentaine de livres. D'autres moutons, particuliers à la Russie méridionale, ont la queue de médiocre grosseur comme les autres, mais très longue et balayant la terre.

Certains moutons ont les cornes démesurément développées et roulées en longues spirales, qui tantôt se dressent sur le haut du front et tantôt se dirigent en travers. Ce sont là des armes plus menaçantes qu'efficaces ; elles surchargent inutilement la tête et sont pour l'animal cause de sérieux embarras. Les moutons de l'île de Chypre ont deux paires de cornes : l'une s'élevant droite sur le front, l'autre se recourbant derrière les oreilles. Ceux des îles Feroë en ont trois paires, toutes disposées en spirale et dirigées en arrière.

Nos moutons en général n'ont que deux cornes, assez petites et faisant à peine un tour sur les deux côtés de la tête. Enfin, la majeure partie de nos troupeaux est com-

La boucherie.

posée de moutons entièrement dépourvus de cornes. C'est le mieux pour l'animal, qui de la sorte se trouve allégé d'une charge inutile.

2. ⸱ aine. — Outre la viande, le mouton nous fournit la laine, plus importante encore, car elle est la meilleure matière pour nos vêtements. D'autres animaux, le bœuf e le porc par exemple, nous alimentent de leur chair ; le mouton seul peut nous vêtir.

Avec la laine se font les matelas et se fabri-

Tonte des moutons.

quent les draps, les flanelles, les serges, enfin les diverses étoffes les plus aptes à nous défendre du froid. Elle est par excellence la matière première du vêtement ; le coton, malgré son importance, ne vient qu'en seconde ligne ; et la soie, si précieuse qu'elle soit, lui est très inférieure sous le rapport des services rendus.

La laine n'a pas la même valeur suivant les moutons qui l'ont produite; il y en a de plus grossière et de plus fine, à brins plus longs et à brins plus courts. La plus estimée, celle que l'on réserve pour les fines étoffes, provient d'une race de moutons principalement élevés en Espagne et connus sous le nom de *mérinos*. Cette race a le corps trapu, court, épais; les jambes fortes et courtes; la tête grosse, armée de robustes cornes qui re-

Mouton mérinos.

tombent en spirale derrière l'oreille; le front laineux et le museau fortement recourbé.

3. Troupeaux transhumants. — De grands troupeaux de moutons paissent l'hiver dans les pâturages salés avoisinant la Méditerranée, notamment dans la vaste plaine caillouteuse de la Crau, et dans l'île de la Camargue, que le Rhône forme à son embouchure en se bifurquant. Les froids finis, ces troupeaux se transportent sur les hautes montagnes du Dauphiné, où ils passent en plein air toute la belle saison; ils en descendent en automne et regagnent la Camargue et la Crau. On les appelle *troupeaux transhumants*. Voyons-les en marche, quand ils voyagent alternativement de la plaine aux montagnes et des montagnes à la plaine.

En tête cheminent les ânes, chargés des hardes et des vivres. Une volumineuse et grave sonnaille pend à leur collier, fait d'une large lame de bois blanc recourbé. Si quelque chardon se montre sur le bord de la route, ils se détournent, cueillent du bout des lèvres la savoureuse bouchée, et reprennent tout aussitôt leurs postes de chefs de file. Dans de grands paniers en sparterie, l'un d'eux porte les agneaux nés en voyage, trop faibles pour suivre le troupeau. Les pauvrets bêlent, branlant la tête aux mouvements de la monture, et les mères répondent du sein de la foule.

Suivent de front les boucs puants, hautement encornés, au nez camus, au regard de travers; la clarine, appendue au collier de bois, sonne sous leur épaisse barbe. Viennent après les chèvres, les jarrets battus par la lourde mamelle gonflée de lait. A côté d'elles cabriole et se heurte déjà du front la bande folâtre des

Le mouton ordinaire.

chevrettes et des chevreaux. Telle est l'avant-garde.

Quel est celui-ci, avec son bâton de houx coupé dans une haie des Alpes, avec son grand manteau de bure drapé sur l'épaule! C'est le maître berger, responsable du troupeau. Sur ses talons cheminent les béliers, conducteurs de la plèbe stupide. Leurs cornes, roulées en spirales, font trois et quatre tours. Ils ont le collier de bois blanc, comme les boucs et les ânes; mais leurs amples sonnettes, signe d'honneur, ont pour battant une dent de loup. Des houppes de laine rouge, autre signe de distinction, sont fixées à la toison, sur les flancs et le dos. Au milieu d'un nuage de poussière, vient maintenant la multitude, pressée, bêlante, faisant comme une rumeur d'orage avec le bruit de ses innombrables petits sabots frappant le sol.

A l'arrière sont les traînards, les boiteux, les éclopés, les brebis mères accompagnées de leurs agneaux. Au moindre arrêt, ceux-ci plient les genoux en terre, embouchent la tétine, et, pendant que leur queue se trémousse et frétille, choquent du front la mamelle pour en faire couler un jet de lait.

Le labourage.

Les bergers ferment la marche. Ils activent de la voix les retardaires; ils donnent leurs ordres aux chiens, aides de camp qui vont et reviennent sur les flancs de la troupe et veillent à ce que nul ne s'écarte. Si tout est en ordre, les chiens cheminent à côté de leurs maîtres, tout pensifs, pénétrés de leurs graves fonctions, et se remémorant peut-être les bois d'où ils arrivent, les sombres bois où il y a des ours.

4. Le Bœuf. — Après le mouton, le bœuf est le plus

La vache.

utile de nos animaux domestiques. Pendant sa vie, il traîne les chariots dans les pays de montagnes, il travaille à la charrue et laboure les champs ; la vache, en outre, fournit du lait en abondance. Livré au boucher, il devient pour nous une source de produits très variés, chaque partie du corps ayant sa valeur.

La chair est un aliment de haut mérite ; la peau devient

du cuir pour harnais et chaussures; le poil fournit de la bourre aux selliers; le suif sert à la fabrication des bougies et du savon; les os, à demi brûlés, donnent une espèce de charbon ou noir animal, employé surtout pour raffiner le sucre et l'amener à la perfection de blancheur; ce charbon, une fois hors d'usage dans les raffineries, est livré à l'agriculture, qui y trouve un engrais puissant; chauffés dans l'eau à une température élevée, les mêmes os fournissent de la colle forte aux menuisiers; les plus gros, les

La chèvre de Cachemire.

plus épais d'entre eux vont à l'atelier du tourneur, où ils sont travaillés en boutons et autres menus objets; les cornes sont façonnées par le tabletier en tabatières et en boîtes à poudre; le sang est utilisé concurremment avec le noir animal dans les raffineries de sucre; les intestins, rendus incorruptibles, tordus et desséchés, sont transformés e

La laiterie.

cordes pour les instruments de musique; le fiel, enfin, est d'un fréquent emploi entre les mains du teinturier dégraisseur pour nettoyer les étoffes et leur rendre en partie leur lustre primitif.

5. **La Chèvre.** — Le lait de la chèvre est léger et très nourrissant; il convient aux personnes faibles mieux que

le lait épais de la brebis ou le lait de la vache. Il est en outre d'une abondance remarquable, eu égard à la petite taille de l'animal. Le produit est médiocre si la chèvre ne donne que deux litres de lait par jour, et cela pendant six à neuf mois de l'année. Il y en a qui, bien nourries, en produisent journellement trois et quatre litres. Aussi la chèvre, peu difficile à nourrir, est-elle une précieuse ressource dans les contrées montagneuses et arides ; elle remplace la vache laitière dans la cabane du pauvre, comme l'âne y remplace le cheval.

La fécondité de la mamelle est à peu près l'unique mérite de la chèvre, car sa chair filandreuse et sans goût n'a pas de valeur. Seul le chevreau est estimé, surtout dans le Midi, où la végétation aromatique des collines relève sa fadeur naturelle. La toison de la chèvre, quoique utilisée pour certains tissus grossiers, n'a pas grande importance non plus, et ne peut en aucune manière tenir lieu de la laine des brebis.

Cependant une race originaire des pays montueux du centre de l'Asie, la *Chèvre de Cachemire*, fournit un duvet d'une incomparable finesse, avec lequel se fabriquent de précieuses étoffes. Cette chèvre, sous une épaisse toison de longs poils, porte un abondant duvet qui la défend des rigueurs du froid et tombe naturellement tous les printemps. Lorsque cette époque est venue, on peigne l'animal avec un démêloir, qui recueille, dans la toison, le fin duvet détaché de la peau.

III

LE PORC. — LE CHEVAL. — L'ANE

1. **Le Porc.** — Malgré toutes les améliorations que nos soins lui ont values, le porc ou le cochon est resté une bête grossière, rappelant en plus d'un trait le sanglier

dont il paraît provenir. Comme ce dernier, il se nourrit de tout ; et plus que lui encore, il est porté aux insatiables satisfactions du ventre. Les périls de la liberté n'éveillant plus en lui d'autres besoins, il se livre sans réserve à ses appétits voraces. Le porc est une créature à fabriquer du lard ; il vit uniquement pour manger, digérer, s'engraisser. Sa goinfrerie va jusqu'à s'accommoder des rebuts de la cuisine, des grasses lavures de vaisselle, des restes immondes, enfin de tout jusqu'à l'ordure. La goinfrerie du porc est donc proverbiale. Gardons-nous de la lui reprocher. Son vorace appétit nous transforme en viande savoureuse et en lard mille rebuts dont ne voudrait aucun des autres

Le porc.

animaux domestiques, et qui seraient perdus sans son intervention ; avec des matières sans valeur, son robuste estomac nous fait des provisions précieuses, lard, saucisses, jambons.

De son vivant, le porc n'est d'utilité aucune, si ce n'est pour la recherche des truffes, où il excelle, grâce au développement énorme de son nez et à la finesse de son odorat ; néanmoins, pour pareil service, on lui préfère le chien, plus dégagé d'allures dans les terrains accidentés, plus actif, plus intelligent. C'est à sa mort que le porc dédommage des soins qu'il a coûtés.

2. **Le Cheval.** — L'aspect du cheval dénote l'agilité jointe à la force. Le corps est puissant, le poitrail large, la croupe arrondie, la tête un peu lourde mais soutenue par une forte encolure ; les cuisses et les épaules sont

musculeuses, les jambes élancées, les jarrets vigoureux et souples. Une élégante crinière, retombant de côté, règne sur le cou ; la queue porte une longue touffe de crins, dont l'animal se sert pour chasser les mouches importunes. Ses yeux sont grands, à fleur de tête et très expressifs ; les oreilles, d'une mobilité remarquable, se dirigent et s'ouvrent du côté d'où vient le bruit, pour mieux recevoir le son dans leurs cornets. Les naseaux sont amples et très mobiles aussi ; la lèvre supérieure s'allonge et se replie pour saisir la nourriture, la disposer en une bouchée et la porter aux dents, ainsi que le ferait une main. Toute la surface de la peau, d'une sensibilité extrême, frémit et s'agite au moindre attouchement.

Le cheval de trait.

Un cheval, chargé sur le dos, porte, en moyenne, de 100 à 175 kilogrammes avec une faible vitesse. Si la charge est un cavalier du poids de 80 kilogrammes, il peut marcher sept heures et parcourir dix lieues de quatre kilomètres. Mais la force est beaucoup mieux employée si, au lieu de porter un fardeau sur le dos, l'animal le traîne dans une voiture. Il suffit, en effet, d'un effort représenté par le poids de 5 kilogrammes, pour mettre en mouvement une charge de 1,000 kilogrammes, si les roues de la voiture tournent sur des rails pareils à ceux des chemins de fer. Pour la même charge et sur une route bien unie, il faut un effort de 33 kilogrammes ; enfin, si la route est pavée, l'effort doit être de 70 kilogrammes. Dans les conditions d'une excellente

route, les chevaux de diligence traînent chacun 800 kilogrammes et parcourent six lieues en deux heures; après
quoi, ils sont relayés par d'autres.

Le cheval arabe.

Tels que la domesticité les a modifiée, les chevaux se
classent en deux groupes principaux : ceux de *selle* et

Le cheval de trait, race boulonaise.

ceux de *trait*. Les premiers servent de monture au cavalier, les seconds voiturent des fardeaux. Parmi les chevaux de selle, le plus célèbre est le *Cheval arabe*, remarquable par son ardeur, son intelligence, sa docilité,

sa course rapide et son aptitude à supporter de longues abstinences. Il a la taille moyenne, la peau délicate, la tête petite, les formes sveltes, le port élégant, les jambes fines, le ventre peu développé, les sabots petits, lisses et très durs.

Les chevaux de trait, dont la fonction est de voiturer au pas de lourds fardeaux, ont des caractères tout opposés. Ils manquent de légèreté et d'ardeur, mais ils déploient patiemment une force considérable, en rapport avec leur taille de colosse et l'abondante nourriture que réclame leur entretien. Ils ont le corps massif, la démarche pesante, la peau épaisse, la tête grosse, le

L'Ane.

poitrail large, la croupe vaste, le ventre volumineux, les jambes fortes, les sabots amples et grossiers. La France possède, dans la race *boulonaise*, le cheval de trait le plus estimé. Le vigoureux boulonais, généralement d'un gris pommelé, remplit les fonctions pénibles de limonier. Il commence l'attelage, il est placé entre les deux brancards. C'est lui qui tire le plus fort aux montées; c'est lui qui maîtrise par sa masse énorme les cahots sur le pavé d'une rue et l'accélération dangereuse dans les pentes rapides.

3. **L'Ane.** — Aussi doux de naturel, aussi tranquille que le cheval est fier, ardent, impétueux, l'âne est la monture des faibles, des enfants, des femmes, des vieillards. Il est patient, il souffre avec constance et peut-être avec courage les châtiments et les coups. Il est sobre et sur la quantité et sur la qualité de la nourriture. Il se contente des herbes les plus dures et les plus désagréables, que le cheval et les autres animaux lui laissent et dédaignent. Le long des chemins, il broute les sommités épineuses des chardons, quelques rameaux de

saule, quelques pousses d'aubépine. S'il peut, après, se rouler un instant sur le gazon, c'est pour lui le comble des félicités. Mais il est fort délicat sur l'eau : il ne veut boire que de la plus claire et aux ruisseaux qui lui sont connus.

Dans la première jeunesse, alors qu'il ne connaît pas encore les duretés de la vie, l'âne est gai, folâtre, plein de gentillesse ; mais avec la triste expérience de l'âge, l'écrasante fatigue et les mauvais traitements, il devient indocile, lent, têtu, vindicatif. Mais aussi n'est-ce pas sa faute ! Combien d'offenses la malheureuse bête n'a-t-elle pas à venger, et quel fonds de bonnes qualités ne lui faut-il pas pour demeurer ce que nous la voyons ! Si l'âne gardait rancune des coups reçus, son maître lui serait odieux et il le poursuivrait sans cesse de la dent et du pied. Tout au contraire, il s'attache à lui, il le flaire de loin, il le distingue de tous les autres hommes, et sait au besoin le retrouver au milieu du tumulte d'une foire ou d'un marché.

Avec une nourriture passable et surtout de bons traitements, l'âne devient le compagnon le plus soumis, le plus affectueux. Qu'on lui mette la selle, le harnais d'attelage, le bât, les hottes, les crochets, les paniers, il ne se refuse à aucun travail. S'il y a de quoi, il mange ; s'il n'y a rien, il broute les chardons du bord du chemin ; si les chardons manquent, il jeûne, sans que l'abstinence puisse troubler un instant sa bonne volonté.

IV

LE CHAT. — LE LION. — LE TIGRE. LA PANTHÈRE. — LE JAGUAR

1. Le Chat. — Dans les vieilles forêts de l'Europe, et notamment dans celles de l'est de la France, vit en petit nombre une espèce de chat, appelé *Chat sauvage,* qu'il est impossible de considérer comme le point de départ du chat domestique, malgré les opinions ayant cours. Organisé pour l'exercice violent, la bataille, l'ascension à la cime des arbres, les bonds à grande distance, il a les pattes plus longues et plus fortes que celles du chat vulgaire, la tête plus grosse et la mâchoire plus robuste. La queue, très fournie de poils, et ondée d'anneaux noirs, est plus renflée à l'extrémité qu'à la base. Le pelage est une chaude fourrure d'un gris jaunâtre, avec de larges raies noires, transversales et contournées, imitant un peu la robe du tigre. Une bande obscure s'étend, tout le long de l'échine, de la nuque à la naissance de la queue. Enfin les pelotes charnues de la plante des pieds, les lèvres et le nez sont noirs.

Le chat sauvage.

Le chat domestique, au contraire, habituellement a les lèvres roses, ainsi que le nez et les pelotes des pattes. Il porte en outre, sur le devant du cou et de la poitrine, une bande de couleur claire, qui se prolonge parfois sous le ventre. Pareille coloration du nez, des lèvres, des pattes, et du devant du cou, se retrouve, trait pour trait, dans une espèce sauvage de l'Abyssinie, nommé *Chat ganté;* aussi considère-t-on cette espèce comme la souche, ou au moins comme l'une des souches du chat domestique.

On présume cependant que l'une de nos variétés domestiques, appelée *Chat tigré,* compte dans sa parenté le chat sauvage de nos forêts de l'Est; du moins elle en a les lèvres noires et le pelage à zébrures. Elle en a aussi jusqu'à un certain point le caractère. Le chat tigré est le moins familier de tous, le plus méfiant, le plus enclin à la rapine. Aucun autre n'a la griffe plus prompte si l'on cherche à le saisir ou seulement à lui passer la main sur le dos. Mais ses travers de sauvagerie ne doivent pas faire oublier ses qualités; il n'y a pas de plus ardent chasseur de souris. Il est vrai que le fromage oublié sur la table et le gibier non suspendu assez haut dans la dépense attirent aussi un peu trop son attention.

Le lion.

2. Le Lion. — Du nord au sud de l'Afrique habite le lion, le plus vigoureux des animaux mangeurs de chair, capable de briser les reins à un cheval d'un coup de griffe, et de terrasser un homme d'un coup de queue. Le pelage est fauve, et le mâle a les épaules et la tête revêtues d'une épaisse crinière. L'attitude fière de sa tête, sa majestueuse crinière, son air grave et réfléchi, lui donnent une apparence de dignité qui lui a valu le titre de roi des animaux. C'est en réalité un vulgaire bandit, profitant des ténèbres et se cachant pour surprendre sa proie; c'est parfois même un poltron que des femmes et des enfants mettent en fuite, rien qu'en jetant de grands cris. Le lion néanmoins est une bête terrible, dont le rugissement seul inspire la terreur. Dans les lieux déserts, il a pour proie favorite l'antilope et la gazelle; dans les régions habitées, il dévaste les troupeaux de

Tête de lion, vue de face et de profil.

bœufs et de moutons; mais rarement il attaque l'homme, à moins que ce ne soit pour sa défense. Il a les habitudes nocturnes; c'est de nuit qu'il chasse et qu'il déploie le plus d'audace.

3. **Le Tigre. — La Panthère. — Le Jaguar.** — Moindre

Tête d'un jeune tigre.

Le tigre.

de taille que le lion, le tigre est cependant plus redoutable, à cause de ses appétits sanguinaires. Il vit exclusivement en Asie, notamment dans l'Inde et dans les îles de Sumatra et de Java. Son pelage est remarquable de beauté. Le jaune roux occupe le dos et les flancs; le blanc pur règne sur les joues, la gorge et le ventre. En outre, ces deux teintes sont relevées par de nombreuses bandes noires disposées en travers. La queue est longue et annelée de noir et de fauve.

Les mêmes régions asiatiques, ainsi que l'Afrique, ont la panthère, un peu moindre que le tigre, mais tout aussi redoutable, à dos jaunâtre, à ventre blanc et ornée en outre de taches noires et rondes, plus fortes sur les flancs, où elles se groupent par rosaces de cinq ou six.

L'Amérique du Sud et les parties méridionales de l'Amérique du Nord possèdent le jaguar, autre espèce sanguinaire qui joint à la vigueur du tigre la robe tachetée de la panthère. Les bœufs et les chevaux, issus de nos races domes-tiques, mais redevenus sauvages dans les im-menses prairies de l'A-mérique du Sud, sont l'habituelle proie de sa terrible mâchoire.

La panthère.

4. Griffes rétractiles. —
Tous ces mangeurs de proie vivante, tigre, jaguar, pan-thère, le lion même, abstraction faite de la crinière du mâle, ont une grande ressemblance de forme avec le chat. Le tigre, notamment, n'est-ce pas là un chat de taille énorme? Pareilles sont les mœurs aussi. Il faut à tous la chair palpitante d'une proie astucieusement guettée et saisie par surprise; il faut à tous démarche silencieuse, souplesse d'échine pour le bond, dent aiguë convertie en poignard, griffe qui happe et déchire. Exa-minons les armes du chasseur de souris, notre vulgaire chat, et nous saurons de quelle manière sont armés le tigre, le lion et les autres.

Considérons en dessous la patte du chat. On voit sous chaque doigt une pelote charnue, un vrai coussin molle-ment rembourré. Une autre pelote, beaucoup plus large, occupe le centre. En outre, des touffes de duvet garnis-sent les intervalles. Ainsi chaussé, le chat marche comme sur de l'étoupe, comme sur de la ouate; et il n'y a pas d'oreille qui puisse l'entendre s'approcher. Ce sont là des pantoufles silencieuses, parfaitement appropriées à la capture par surprise. Le chien, lui aussi, a sous les pattes de semblables coussinets, mais plus grossiers; néanmoins, on entend ses pas à cause des ongles qui frottent contre le sol. Mais le chat, pendant la marche et le repos, tient ses ongles rentrés dans une gaine que forme l'extrémité des doigts; il fait alors, comme on dit, patte de velours. Ainsi retirés dans leurs étuis, les ongles ne débordent pas la patte et ne peuvent choquer le sol.

A ce premier avantage de ne faire aucun bruit en marchant, s'en adjoint un autre non moins précieux pour le chat. Cachées au fond de leurs gaines, les griffes ne s'émoussent point ; elles conservent, pour l'attaque, leur tranchant et leur pointe acérée. Ce sont des armes fines que l'animal garde dans un fourreau jusqu'au moment d'en faire usage. Alors, de leurs étuis, les griffes brusquement s'échappent, comme poussées par un ressort, et la patte de velours de tantôt devient un harpon terrible, qui s'implante dans les chairs, et laboure la proie de sanglants sillons.

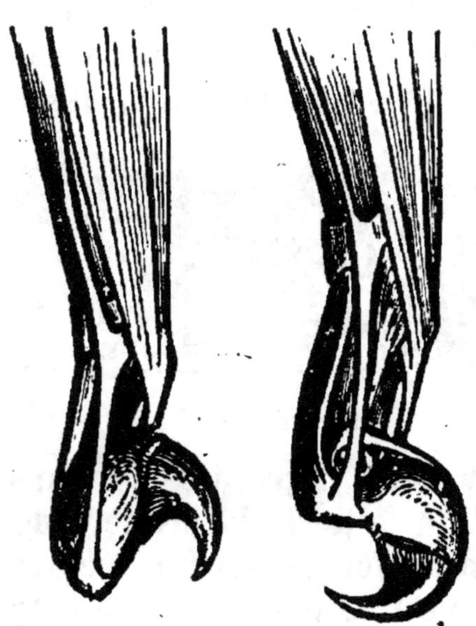

Disposition des griffes du chat.

Si l'on presse doucement des doigts la patte du chat, les griffes sortent de leurs étuis; si l'on cesse de presser les griffes aussitôt rentrent. Nous avons là juste ce qui se passe au gré du chat. Examinons de plus près ce curieux mécanisme. L'osselet terminal des doigts, celui qui porte l'ongle, se rattache à l'osselet qui précède au moyen d'un ligament élastique, dont l'effet, à l'état de repos, est de relever le premier os et de le coucher sur le dos du

second. Supposons que l'extrémité de nos doigts ait assez
de jeu pour se replier en arrière, et nous aurons une
idée exacte de la chose. Dans cette position de l'osselet
terminal, l'ongle se tient relevé, à demi enfoncé dans
un pli de la peau et caché sous les poils épais de la patte.
C'est alors patte de velours; les griffes sont rentrées
dans leurs étuis.

Mais faut-il faire usage des armes? Le chat n'a qu'à
vouloir, et les griffes à l'instant surgissent. La figure qui
précède nous montre comme un réseau de cordages. Ce
sont des tendons que tirent, quand le veut l'animal, les
muscles ou faisceaux de chair situés plus haut. Ils se rattachent à la face inférieure de l'osselet terminal des doigts.
Entraîné par le tendon correspondant, cet
osselet pivote, comme sur une charnière,
sur l'extrémité de l'os qui précède, et se
met en ligne droite avec lui. Du même
coup, les crocs des ongles font saillie
hors de la patte.

Dents du chat.

Semblable griffe se retrouve dans le
lion, le tigre, la panthère, le jaguar, et divers autres
animaux adonnés aux appétits sanguinaires; on les
nomme griffes *rétractiles,* parce qu'elles peuvent se retirer dans leurs étuis où elles se conservent acérées.

5. **Le râtelier du Chat.** — Considérons encore le râtelier du chat, si bien armé pour la proie vivante. Sur les
côtés sont des dents découpées en arêtes tranchantes,
qui, jouant l'une contre l'autre, à la façon de lames de
ciseaux, sont éminemment propres à tailler la chair.
Plus avant sont les *canines,* c'est-à-dire des dents très
longues, robustes et pointues, sorte de poignards dont
le chat transperce la souris. Comme tout cela doit hor-
riblement pénétrer dans le corps de la victime! il suffit
de voir ce râtelier pour reconnaître un sanguinaire chasseur. Tous les mangeurs de chair, tigre, lion, panthère
et autres, possèdent pareille mâchoire, avec canines ai-
guisées en poignard et dents du fond tailladées en arêtes
tranchantes.

V

L'OURS. — LE SANGLIER. — LE LOUP. LE RENARD. — LE CERF

1. L'Ours. — Autrefois abondamment répandu dans tous les pays montueux de la France, dans les Vosges, le Jura, les Cévennes, l'ours, exterminé par les progrès de la civilisation, a trouvé ses derniers refuges dans les

Ours brun des Alpes.

gorges sauvages des Alpes et des Pyrénées. Il s'y fait même de jour en jour plus rare, et l'époque n'est peut-être pas éloignée où l'ours aura disparu de l'Europe centrale et ne se trouvera plus que dans les sombres forêts du Nord.

C'est un animal lourd, trapu, gauche d'allures, vêtu d'une grossière et épaisse fourrure, ne laissant voir que le museau et les pieds. Il a la queue très courte, les oreilles médiocres et velues, les yeux petits et le regard sournois, les pieds armés d'ongles robustes. Son pelage varie du gris jaunâtre au brun plus ou moins noir. Il vit en solitaire, ayant pour domicile quelque caverne, où il passe la mauvaise saison dans une sorte de torpeur voisine du sommeil. Il se nourrit surtout de matières végétales, racines, pousses tendres, fraises, sorbes, châtaignes ; et quand la faim le presse, il s'attaque aux animaux vivants sans jamais toucher aux cadavres.

Pris jeune, il s'apprivoise facilement et apprend divers tours que le bateleur montre au public de foire en foire. Se tenir debout, danser au son du fifre, faire la culbute, grotesquement gesticuler, tels sont les talents que l'éducation peut lui donner. Du reste, c'est un élève dont le maître a toujours à se méfier. Aussi est-il tenu muselé, et un anneau de fer, passé à travers la lèvre, lui impose obéissance par la douleur quand la chaîne d'attache tiraille. Sa fourrure, sa chair, sa graisse, la crainte qu'il inspire, lui font donner la chasse. Avec sa depouille se font des tapis et des coiffures militaires ; sa chair est estimée, et sa graisse a grand renom pour les pommades destinées à la chevelure.

2. Le Sanglier. — Très fréquent autrefois dans les vieilles forêts de la France, les sangliers deviennent chez nous de jour en jour plus rares, et sont destinés, de même que les ours, à disparaître tôt ou tard. Ce sont des ennemis redoutables, non pour les troupeaux, mais pour les cultures, où ils font de graves dommages ; d'ailleurs ce sont des bêtes brutales, dont la rencontre au fond d'un bois ne serait pas toujours sans péril.

Le sanglier possède à peu près la taille et la forme du porc vulgaire, mais il diffère surtout de celui-ci par son pelage grossier, d'un roux noirâtre ; par les soies du dos, raides et fortes, se hérissant, dans la fureur, en une crinière d'aspect horrible ; par sa tête, nommée *hure,* plus longue et plus arquée ; par ses oreilles plus petites, droites et très mobiles ; par ses jambes plus grosses et plus courtes ; enfin par l'ensemble du corps plus ramassé.

Les yeux sont petits, expressifs si l'animal est tranquille, ardents et farouches dans la colère. Les dents canines de chaque mâchoire s'échappent menaçantes hors des lèvres : celles d'en bas fort longues, recourbées, tranchantes et pointues ; celles d'en haut plus courtes et frottant contre les premières pour leur servir d'aiguisoir. Cet office de pierre à aiguiser a fait comparer les canines supérieures au grès des remouleurs et leur a valu le nom de *grès ;* tandis que les canines inférieures, terribles à l'attaque, se nomment *défenses.* De son robuste museau ou *boutoir,* le sanglier heurte et culbute ; du tranchant de ses défenses, il éventre et pourfend.

La femelle ou *laie* n'a pas de défenses, mais sa morsure est des plus redoutables ; elle l'accompagne d'un féroce claquement de mâchoire et d'un piétinement acharné, à lui seul mortel pour l'adversaire foulé. Le cri de l'un et de l'autre consiste en un souffle bruyant, signe de frayeur et de surprise ; hors du péril, la brute est ordinairement silencieuse.

Le sanglier aime les grandes forêts, dont il recherche les endroits les plus retirés et les plus sombres, où il ne soit pas inquiété par la présence de l'homme. Le jour, il se tient couché dans sa retraite ou *bauge,* au plus épais des broussailles et des buissons. Dans le voisinage est habituellement quelque mare bourbeuse où il se vautre avec délices. Sur le soir, il quitte son gîte, à la recherche de sa nourriture. De son groin il laboure le sol, toujours en ligne droite, pour déterrer des racines charnues ; il cueille les fruits tombés à terre, les grains des céréales, les châtaignes, les faînes, les noisettes, les glands, ces derniers surtout, son régal préféré.

Mais la nourriture végétale ne suffit pas à sa voracité. S'il connaît un étang poissonneux, il en bouleverse les rives pour atteindre les anguilles réfugiées dans la vase ; s'il sait un terrier de lapins, il le saccage en creusant profonde tranchée et culbutant les pierres à coups de boutoir. Il surprend la perdrix au nid, et dévore mère et couvée ; il broie les lapereaux au gîte ; il happe pendant leur sommeil les jeunes faons du cerf et du chevreuil.

Enfin, si la proie vivante manque, il se repaît de toute
charogne. Toute la nuit se passe en semblables dépréda-
tions ; puis la bête regagne sa bauge aux premières
lueurs du jour.

3. **Le Loup.** — Effroi de la campagne, ravageur des
troupeaux, le loup est un bandit redoutable, même pour
l'homme, qu'il ne craint pas d'attaquer lorsque la faim
le presse. Pour la forme il se rapproche beaucoup du
chien, dont le distingue surtout son naturel farouche.

Le loup.

Pour la taille, il égale et même dépasse nos plus forts
mâtins, avec lesquels aisément on le confondrait. Cependant sa tête est plus fine ; sa queue est droite et non re-
courbée, garnie en outre de longs poils touffus. Son
pelage est gris fauve, varié de poils noirs en dessus.

Solitaires ou réunis par petites bandes suivant la saison, les loups rôdent autour des pâturages et enlèvent
les moutons en déjouant par leur audace la vigilance
des bergers et le courage des chiens. Happé au coi et
saigné, le mouton est jeté, par un mouvement de tête,
sur l'épaule du ravisseur, qui l'emporte, maintenu de la

gueule, sans ralentir sa course sous le faix, tant il a le cou puissant et la mâchoire robuste.

4. Le Renard. — Malgré la chasse assidue qu'on lui fait, ce destructeur de volaille est encore très répandu en France et dans toute l'Europe. Ses repaires de prédilection sont les creux des rochers, surtout au voisinage des fermes, dont il épie les oiseaux de basse-cour. A défaut d'un pareil gîte, il s'empare d'un terrier de lapin, qu'il élargit et creuse plus avant à sa convenance ;

Le renard.

ou bien du domicile souterrain d'un blaireau, qu'il force à déloger par l'infection de son urine. Ses ruses dans les manœuvres de rapine, sa patience à toute épreuve, sa prudence si difficile à mettre en défaut, de tout temps l'ont rendu célèbre.

De la taille d'un chien médiocre, mais de formes beaucoup plus sveltes, plus déliées, le renard a pour caractères les plus saillants le museau pointu et la queue touffue, amplement fournie de longs poils. Sa peau a peu de prix et ne sert qu'à faire des tapis ou de grossières fourrures. Au contraire, certains renards des ré-

gions arctiques fournissent des fourrures très esti-
mées.

5. **Le Cerf.** — Hôte des bois et n'ayant pour défendre
.sa vie que sa course légère, le cerf se fait de plus en plus
rare à mesure que disparaissent les grandes forêts. Il a
le front surchargé de deux vastes cornes, appelées *bois*,
et subdivisées en ramifications. Les trois branches inférieures sont les *andouillers;* les supérieures, au nombre
de deux à cinq, se nomment *dagues,* et forment dans
leur ensemble ce qu'on appelle l'*empaumure.* Le bois du
cerf se détache et tombe chaque
année au printemps, pour se re-
faire au mois d'août, en augmentant, jusqu'à la septième
année, le nombre des ramifications. Le premier bois est formé
d'une simple dague ; le second
n'a qu'un seul andouiller, et le
troisième en possède trois. Les

Le cerf.

plus vieux cerfs ont dix ramifications à chacune des deux
tiges, ce qui les fait nommer *dix cors.* La femelle du
cerf s'appelle *biche,* et les jeunes, un seul pour chaque
mère, portent le nom de *faons.*

VI

LE CASTOR

1. **Le Castor.** — De tous les animaux à poil des régions tempérées, le castor étant le plus industrieux, nous
allons nous étendre, avec quelques détails, sur ses curieuses mœurs. Autrefois, il vivait en nombreuses sociétés
au bord de tous nos fleuves ; il bâtissait sur pilotis, avec
du bois et de la terre glaise, de gracieuses petites cabanes qui figuraient, à la surface des eaux, un village de

nains. Mais aujourd'hui, misérable, isolé, sans aucun reste de son antique industrie, il est sur le point de disparaître s'il n'a déjà pour toujours disparu. Tout au plus, sur les rives du Rhône, s'en trouve-t-il quelqu'un de temps en temps. C'est aux bords des lacs et des rivières de l'Amérique du Nord, dans les parties septentrionales, qu'on peut le voir encore se livrant en grand nombre à ses constructions.

Le castor est à peu près de la taille de nos chiens bassets. Son pelage roux est une fourrure soyeuse, très recherchée à cause de sa finesse. La tête est peu allongée,

Le castor.

l'oreille courte et ronde, le corps trapu et traînant presque à terre. Les pattes de devant ont les doigts séparés l'un de l'autre et sont conformées en petites mains d'une étonnante dextérité. Celles de derrière rappellent les pattes de l'oie et du canard; entre leurs doigts s'étale une membrane qui fait des extrémités postérieures des palettes, des rames éminemment aptes à la natation. La queue sert de gouvernail. Elle est aplatie, très large et couverte, non de poils, mais de grandes écailles, qui lui donnent quelque ressemblance avec le dos d'une carpe. De ce robuste battoir, le castor fouette l'eau pour plonger ou remonter, tourner dans un sens ou dans l'autre, et manœuvrer enfin dans le courant avec l'adresse du plus habile nageur.

2. **Mœurs du Castor.** — Il faut aux castors, pour leurs constructions, des eaux calmes et dont le niveau ne soit pas sujet à varier. Si l'emplacement choisi est

une rivière, leur premier travail est une digue qui barre le courant et le transforme en une nappe tranquille, dont la hauteur se maintient la même en temps de sécheresse comme en temps de pluie.

Pour maîtresse pièce du barrage, un arbre est choisi sur la rive, aussi gros que le corps d'un homme, assez long pour aller en travers d'un bord à l'autre de la rivière, dont la largeur est parfois de vingt à trente mètres. De leurs quatre dents de devant, tranchantes et dures comme du fin acier, les castors entaillent l'arbre à la base, qui, rongé patiemment, miette par miette, chancelle et tombe, non au hasard, mais toujours du côté de l'eau. Par une savante combinaison, en effet, au lieu de ronger le tronc tout autour, ils pratiquent l'entaille uniquement du côté de la rivière, de sorte que l'arbre, cédant sur le point entamé, tombe en travers du courant, le pied sur un bord et la cime sur l'autre.

Une escouade de travailleurs traverse alors la rivière, qui à la nage, qui sur le pont de l'arbre, et accourt dépouiller la cime de ses branches, afin que la solive repose solidement à plat. En même temps, d'autres parcourent le voisinage de la rivière, mais toujours en remontant le courant; ils scient des arbres de la grosseur de la jambe; ils les dépècent en tronçons d'une longueur calculée sur la profondeur de l'eau, les aiguisent par un bout et les traînent avec les dents jusqu'au bord de la rivière. Là, pour éviter un plus long trajet par terre, si pénible avec pareille charge, chacun se jette à la nage, met à flot son pieu et le laisse entraîner par le courant. Le castor suit et dirige la pièce flottante.

Parvenus au chantier de la digue, le uns dressent les pieux et les maintiennent d'aplomb, le gros bout appliqué contre la poutre transversale, tandis que d'autres plongent pour creuser au fond de l'eau, avec les pattes de devant, un trou dans lequel ils enfoncent l'extrémité pointue. Le plongeur remet la terre dans la cavité, la piétine, la tasse avec soin; et le pieux se trouve solidement fixé, la tête à fleur d'eau contre l'appui de l'arbre.

Pendant que les charpentiers dressent la palissade, des vanniers renforcent l'ouvrage avec des branches flexibles de saule entrelacées parmi les pieux. Plusieurs barrières sont ainsi construites, l'une devant l'autre, dans toute la largeur du courant. A mesure que ce travail avance, l'intervalle entre les diverses rangées de pieux est comblé avec des matériaux de maçonnerie.

Cabanes du castor.

Les castors vont chercher de la terre grasse, qu'ils pétrissent avec les pieds, qu'ils battent de leur large queue en guise de truelle pour lui donner consistance ; ils en apportent des pelotes soit avec la gueule, soit avec les pattes de devant, et finissent par en remplir tous les vides de leur pilotis. Au moyen de cette chaussée, épaisse d'un mètre au sommet, beaucoup plus large à la base pour mieux résister à la pression de l'eau, les castors sont en possession d'un petit lac tranquille, dont le trop-plein se déverse par quelques rigoles ménagées au-dessus du barrage.

Après ce travail d'intérêt général auquel tous ont prêté leur concours, chacun songe à se bâtir en particulier sa demeure. Dans l'eau, mais au bord du lac, un pilotis est dressé avec des pieux et de la terre, pour servir de support à l'édifice. Sur cette base s'élève une élégante cabane ronde, avec toit en coupole ; elle est maçonnée avec du sable, des pierres, du bois, de la glaise ; elle est crépie, tant au dehors qu'au dedans, d'une couche lisse d'argile. Sa hauteur et sa largeur dépassent un mètre ; ses murs, épais d'un à deux pans, sont d'une solidité qui défie la violence des vents et les efforts de tout ennemi qui voudrait forcer le refuge. L'intérieur est divisé en deux étages, communiquant entre eux par un trou percé dans la cloison qui les sépare. L'étage inférieur a sa porte d'entrée au milieu du plancher, sous l'eau ; et, comme la cabane n'a pas d'autre orifice communiquant au dehors, le castor est obligé de plonger toutes les fois qu'il sort ou qu'il rentre.

Les chambres de la cabane sont très proprement tenues, avec tapis de verdure, de rameaux de buis et de feuilles de sapin. Sur cette couchette repose la famille, qui se compose d'une dizaine d'individus, les vieux et les jeunes pêle-mêle. Parfois plusieurs familles se réunissent et mènent une vie commune dans un logement plus spacieux. Enfin, près des habitations, est construit sous l'eau l'entrepôt général des vivres, où sont amassées en septembre les provisions d'hiver, écorces fraîches et rameaux tendres. Chaque famille y possède son magasin particulier, où elle puise sans toucher aux réserves des autres.

VII

LES CHAUVES-SOURIS

La *Chauve-souris*, qui vole le soir autour de nos demeures, n'a rien de commun avec les oiseaux, dont elle ne possède ni le bec ni les plumes ; ce n'est pas davantage un rat qui, sur la fin de sa vie, aurait pris des ailes. C'est une créature spéciale qui naît, vit et meurt avec des ailes, sans appartenir en rien à la classe des oiseaux. Son corps a le poil et quelque peu la forme de la souris, ses ailes sont nues, chauves. De ces deux caractères associés vient le nom de chauve-souris.

La chauve-souris est un mammifère : elle a le corps défendu du froid par une fourrure ; elle a des mamelles pour allaiter ses petits. Quand elle sort le soir pour chercher de quoi manger, au lieu d'abandonner son nourrisson, toujours unique, dans quelque trou de mur, après l'avoir repu de lait, elle l'emporte avec elle, cramponné à sa poitrine ; et c'est appesantie par ce fardeau qu'elle poursuit au vol sa rapide petite proie, consistant en insectes, papillons du soir, phalènes, moucherons, scarabées.

Comment un mammifère, c'est-à-dire un animal dont la structure générale est celle du chat et du chien, par exemple, peut-il présenter le vol de l'oiseau ? Par quelle étrange disposition l'aile et la mamelle, qui sembleraient s'exclure l'une l'autre, sont-elles ici réunies ?

C'est tout simple : quatre doigts des membres antérieurs de la chauve-souris s'allongent démesurément, et entre ces doigts si longs est tendue une membrane, comme l'étoffe d'un parapluie est tendue sur les baguettes qui leur servent de charpente. Voilà l'aile de la chauve-souris, bien différente de l'aile de l'oiseau.

Considérons attentivement la figure suivante qui repré-

sente le râtelier d'une chauve-souris. Avec leurs dentelures
fortes et tranchantes, s'emboîtant si bien dans les creux
à bords aigus de la mâchoire opposée, ces dents ne sont
pas évidemment destinées à triturer des grains ou broyer
patiemment des matières filandreuses. C'est le râtelier
d'un carnivore, et non le moulin à trituration d'un her-
bivore.

Les dents viennent de nous apprendre le trait principal des mœurs de la bête.
La chauve-souris est un
chasseur, un mangeur de
proie vivante, un petit ogre
à qui toujours il faut de la
chair fraîche. Reste à savoir
le gibier qui lui convient.
Évidemment, ce gibier doit
être proportionné à la taille

Squelette de chauve-souris.

du chasseur. La tête d'une chauve-souris n'est guère
plus forte qu'une grosse noisette. La gueule, il est vrai,
est fendue d'une oreille à l'autre, et peut, quand elle
bâille en plein, engloutir des bouchées que ne feraient
pas soupçonner les faibles dimensions de l'animal. Il
n'importe : la chauve-souris ne doit s'attaquer qu'à de très petites espèces.

Que peut-elle poursuivre dans les airs,
lorsque, après le coucher du soleil, elle vol-
tige, allant et revenant sans cesse ? Elle
poursuit des insectes de toute sorte, ravageurs de nos céréales, de nos vignes, de nos arbres frui-
tiers, de nos étoffes. D'un essor tortueux, elle va et
revient infatigable, monte et descend, apparaît et disparaît, piquant une tête de ci, piquant une tête de là, et
chaque fois happant au vol un insecte, aussitôt broyé,
aussitôt englouti.

Et tant que le permettent les lueurs mourantes du
soir, l'ardent chasseur poursuit son œuvre d'extermination. Enfin repue, la chauve-souris regagne quelque
sombre et tranquille retraite, non sans avoir garni ses

Râtelier de
chauve-souris.

abajoues, pochettes de réserve résultant d'un gonflement des joues. Là s'empilent à la hâte, pour être mangés à loisir, les insectes tués d'un coup de dent. Le lendemain et toute la belle saison, la même chasse recommence, toujours aussi ardente, toujours aux dépens des insectes seuls.

Après les oiseaux, l'agriculture n'a pas de plus vaillants auxiliaires que les chauves-souris. Pendant notre sommeil, alors que nous rêvons peut-être de nos fruits, de nos raisins, ces précieu-

Chauve-souris au repos.

ses bêtes font, en silence, une guerre d'extermination aux ennemis de nos récoltes; elles détruisent chaque soir, par nombres incalculables, hannetons, phalènes, teignes, pyrales, enfin la plupart des espèces qui menacent toujours de nous affamer, si d'autres que nous ne font bonne garde.

Mais la chauve-souris, dit-on presque d'un commun accord, est un être malfaisant, hideux, venimeux, de

Chauve-souris fer-de-lance.

mauvais présage, qu'il faut écraser sans pitié sous le talon.

Non, mes amis, mille fois non : la chauve-souris est une créature inoffensive, qui, loin de nous faire du tort et de nous présager des malheurs, nous rend un service immense en sauvegardant les biens de la terre contre leurs innombrables destructeurs.

Non, nous ne devons pas la poursuivre de notre haine et la tuer impitoyablement ; nous devons, au contraire, l'estimer et la respecter comme un de nos meilleurs auxiliaires agricoles.

Non, la pauvre bête ne mérite pas la triste réputation que l'ignorance lui a faite ; son toucher ne communique pas la gale ainsi qu'on le dit parfois, sa dent ne meurtrit pas la mamelle des chèvres et ne souille pas nos provisions de lard ; son irruption fortuite dans un appartement n'est pas plus à craindre que celle d'un papillon ; tout au contraire, sa visite pourra nous débarrasser de quelques-uns de ces cousins qui nous harcèlent la nuit.

Chauve-souris oreillard.

Tout bien considéré, nous n'avons rien, absolument rien à lui reprocher, et nous lui sommes redevables de très importants services. Voilà ce que l'examen raisonné répond aux sottises de l'ignorance. Désormais, si vous l'osez, écrasez la chauve-souris sous le talon !

VIII

LE HÉRISSON

1. Le Hérisson. — Si nous portons notre attention sur la figure représentant le râtelier d'un *Hérisson,* nous remarquerons que les dents sont armées de pointes aiguës, tant à la mâchoire supérieure qu'à la mâchoire inférieure. Ces dents s'engrènent les unes dans les autres quand l'animal mord, et plongent, comme autant de fins poignards, dans la chair de la proie capturée. L'animal est donc carnivore.

Le hérisson est un chasseur d'insectes, il ajoute ses services à ceux que les chauves-souris nous rendent dans leurs chasses au vol. Il lui faut une proie plus abondante et plus forte. L'infime vermine est dédaignée; mais une larve de hanneton, une courtilière ventrue,

Râtelier du hérisson.

sont d'excellentes captures. Quand elles ne sont pas profondément situées, il fouille avec les pattes et le museau pour les déterrer.

Mais, si sa nourriture habituelle se compose incontestablement d'insectes, la bête goulue facilement se laisse tenter par une proie plus volumineuse et de haut goût. Dans ces rondes à travers champs, le hérisson ne se fait pas scrupule de saigner les lapereaux surpris au gîte en l'absence de leur mère; les œufs de la caille et de la perdrix sont pour lui grand régal; il est même au comble du bonheur s'il peut tordre le cou à la couvée.

La courtilière.

Quand, de fortune, il parvient à se glisser sous la porte d'un poulailler au milieu de la nuit, il saigne les petits poulets sous l'aile de leur mère, impuissante à les défendre dans l'obscurité. Mais, en prenant des précautions contre ses appétits sanguinaires, on peut tenir le hérisson dans les jardins, où il furette de partout et croque de nombreux ennemis sans porter de préjudice. C'est là un vigilant gardien, qui chaque nuit fait la ronde dans l'intérêt de nos légumes. Il fait une guerre d'extermination à l'insecte, ce redoutable ennemi des biens de la terre.

Et cependant l'homme s'acharne sur le hérisson; il le voue à l'exécration; il le traite d'animal immonde, bon tout au plus à exercer la furie des chiens, qui ne peuvent mordre sur son dos épineux; il invente exprès pour lui le supplice de l'immersion dans l'eau froide pour le forcer à se dérouler; et si la bête persiste dans son attitude de défense passive, dans son enroulement en boule, il l'excite d'un bâton pointu, l'aiguillonne, l'éventre. Ainsi toujours est l'ignorance : mélange de sottise et de méchanceté.

Qui dit hérisson dit hérissé. L'animal, en effet, est revêtu pour sa défense d'une armure faite de dards acérés. Ces dards, ces piquants ne sont autre chose que des poils, mais très gros, raides et pointus ainsi que des aiguilles. Mélangés avec d'autres poils fins, souples et soyeux, faisant office de fourrure, ils recouvrent toute la partie supérieure du corps. Quant à la partie inférieure, elle n'a que des poils soyeux, sinon l'animal se blesserait lui-même en s'enroulant.

Le hérisson.

Lorsque le hérisson, très circonspect du reste, se sent en danger, il recourbe la tête sous le ventre, rapproche les pattes et se roule en une boule qui, de partout, présente à l'ennemi un rempart d'épines. Le renard sait beaucoup de ruses; le hérisson n'en sait qu'une, mais toujours efficace.

Quel est l'audacieux, en effet, qui oserait happer l'animal dans sa posture de défense? Le chien s'y refuse après quelques malencontreux essais, qui lui mettent la gueule en sang; il s'y refuse obstinément et se contente d'aboyer. A l'abri sous son enveloppe d'aiguilles, le hérisson fait la sourde oreille et reste coi.

Si le chien, surexcité par son maître, revient à la charge, le hérisson a recours à un dernier expédient de défense qui rarement manque son effet : il lâche son urine infecte, qui suinte de l'intérieur de la boule et vient humecter l'extérieur. Rebuté par l'odeur de la bête apuantie, piqué au nez par des dards, le chien le plus ardent renonce à l'attaque. L'ennemi parti, le hérisson se déroule avec prudence et se hâte vers quelque sûre retraite.

2. L'Hibernation. — La chauve-souris s'alimente exclusivement d'insectes; le hérisson en fait sa principale nourriture, bien qu'il lui arrive de chasser un plus fort gibier. Or, en hiver, les insectes manquent; la plupart sont morts après avoir pondu des œufs, et les rares survivants sont blottis, à l'abri du froid, dans des cachettes où il serait bien difficile de les trouver. Que deviennent alors les mangeurs d'insectes?

Chacun sait le proverbe : *Qui dort dîne*, proverbe de haute vérité dans sa naïve expression. Eh bien, le hérisson, les chauves-souris et d'autres, n'ayant plus à dîner, faute d'insectes, se mettent à dormir; mais d'un sommeil si profond, si lourd, que pour le désigner on se sert d'un mot spécial, celui de *léthargie*.

Un autre proverbe dit : *Comme on fait son lit, on se couche*. La bête, qui ne manque jamais d'esprit pour gérer ses propres affaires, prudemment s'y conforme : elle prend de sages précautions avant de s'abandonner au long sommeil d'hiver.

Le hérisson se choisit un gîte dans quelque tas de pierres, ou bien entre les fortes racines d'une souche d'arbre. Sur le déclin de l'automne, il y transporte herbes et feuilles sèches, qu'il dispose en une boule creuse, au centre de laquelle il s'endort.

Les chauves-souris s'assemblent par troupes dans les tièdes profondeurs de quelque grotte, où rien ne puisse venir les troubler. La tête en bas et serrées l'une contre l'autre, elles se cramponnent aux parois, qu'elles recouvrent d'une sorte de draperie velue; ou bien accrochées l'une à l'autre, elles forment des grappes qui pendent du plafond.

Maintenant l'hiver peut sévir, la neige blanchir les champs, la bise faire rage : le hérisson, dans son épaisse coque de feuilles, les chauves-souris dans leurs réduits abrités, dorment profondément jusqu'à ce que la belle saison revienne, et avec elle les insectes, la nourriture, l'animation, la vie.

Voilà donc des animaux qui, pendant de longs mois, ne prennent aucune nourriture. Comment font-ils pour supporter ce jeûne prolongé?

L'entretien de la vie est le résultat d'une réelle combustion. Or, pour entretenir longtemps le feu dans nos foyers avec le même combustible, il faut ralentir le tirage, diminuer l'accès de l'air, sans le rendre nul cependant, car alors le feu s'éteindrait. Dans ce but, on enterre les tisons sous la cendre, on ferme plus ou moins la porte du cendrier d'un poêle. Avec plus d'air, la combustion est active, mais de courte durée; avec moins d'air, elle est faible, mais de longue durée.

Eh bien! l'animal destiné à supporter un long jeûne, qui ne lui permet pas de renouveler le combustible, le sang, doit diminuer l'accès de l'air dans son corps, il doit en quelque sorte ralentir le tirage de son calorifère vital. Or, ce tirage, c'est la respiration.

Pour se passer quatre à cinq mois de nourriture et faire durer le peu de combustible que ses veines contiennent en réserve, l'animal n'a donc qu'une ressource : respirer le moins possible, sans se priver absolument d'air toutefois, car ce serait du coup l'extinction de la vie, comme l'extinction d'une lampe est la conséquence forcée du manque total d'air.

Nous avons là tout le secret du hérisson et des chauves-souris pour supporter, sans périr, la longue abstinence de la saison d'hiver.

D'abord, les précautions les mieux entendues sont prises pour éviter toute perte, toute dépense superflue de chaleur et pour économiser d'autant les réserves en combustible du corps. Le hérisson s'enferme dans une épaisse coque de feuilles, au sein d'un tas de pierres ou dans le creux d'une souche; les chauves-souris s'entassent en grappes dans le chaud abri d'une grotte.

Ce n'est pas encore assez. Il ne faut remuer, car tout mouvement ne s'obtient que par une dépense de chaleur. Cette condition est scrupuleusement remplie ; leur immobilité est telle qu'on les dirait morts.

Ce n'est pas encore assez. Il faut amoindrir la respiration autant que possible. Et en effet leur souffle est si faible, que tout juste, avec grande attention, il peut se constater. L'engourdissement est si profond, l'anéantissement si complet que, s'il n'était suivi d'un réveil, cet état ne différerait pas de la mort.

On nomme *hibernation* cette suspension momentanée, ou plutôt ce ralentissement de la vie, auquel certains animaux sont assujettis pendant l'hiver. Au nombre des animaux *hibernants*, c'est-à-dire soumis à l'hibernation, sont, outre le hérisson et les chauves-souris, la marmotte, le loir, les lézards, les serpents, les grenouilles, les crapauds.

Est-il nécessaire de dire que, pour tomber et se maintenir dans cet état qui rend l'alimentation inutile pendant des mois entiers, il faut une organisation faite exprès ? Ne suspend pas qui veut sa respiration pour se soustraire à la nécessité de manger. Le chien et le chat, par exemple, auraient beau dormir profondément, comme leur respiration est très active, même pendant le sommeil, la faim les aurait bientôt éveillés.

Aucune espèce dont la nourriture est assurée pendant l'hiver n'est soumise à l'hibernation. Celles que le froid priverait fatalement du manger sont sauvegardées de la destruction par l'engourdissement qui les gagne aux approches de la mauvaise saison. Ne trouvant plus de quoi se nourrir, elles dorment.

La marmotte dort quand la neige couvre les gazons des hautes montagnes ; le loir dort quand manquent les fruits ; les grenouilles, les crapauds, les couleuvres, les lézards, les chauves-souris, les hérissons dorment quand il n'y a plus d'insectes.

IX

L'ÉLÉPHANT. — LA BALEINE

1. L'Éléphant. — *L'Éléphant,* le plus gros des animaux terrestres, a pour caractère principal la *trompe,* au bout de laquelle s'ouvrent les deux narines. La trompe n'est donc qu'un nez démesurément allongé. Elle est formée d'un entrelacement d'environ quarante mille petits muscles, tant longitudinaux que circulaires, qui lui donnent une grande mobilité en tout sens.

Son extrémité se termine par un appendice charnu, faisant office d'un doigt d'une merveilleuse dextérité, et capable, par exemple, de dénouer une corde, déboucher une bouteille, tourner une clef dans sa serrure, guider un crayon sur le papier.

Avec la trompe, l'éléphant cueille à terre la nourriture que la brièveté du cou ne lui permet pas de cueillir des lèvres; et avec cette espèce de main, il la porte à la bouche. Le même organe fonctionne comme une pompe pour la boisson. En aspirant, l'animal remplit d'eau sa double narine; puis, repliant la trompe, il lance le liquide dans le gosier. D'une façon semblable, il s'asperge de sable pour chasser les mouches qui le tourmentent.

Cette trompe, douée d'une délicate dextérité, rappelant celle de notre main, et capable de saisir l'objet le plus délié, comme un brin d'herbe, une feuille de papier, possède aussi une puissance énorme. De sa trompe, l'éléphant casse un arbre, le rompt; il enlace son agresseur et le jette à terre pour le fouler sous la lourde masse de ses pieds.

La mâchoire supérieure porte deux monstrueuses incisives, qui se terminent en pointe et font longuement saillie hors des lèvres. Leur longueur varie de 1 à

3 mètres, et le poids pour la paire peut atteindre jusqu'à 150 kilogrammes. Ce sont là les *défenses*.

L'éléphant en fait usage pour fouiller le sol quand il recherche des racines charnues pour sa nourriture. Mais cet instrument de labour pacifique est aussi une arme terrible avec laquelle il transperce un ennemi dangereux. Si la lutte est trop périlleuse et que la trompe soit menacée, l'éléphant replie celle-ci sur le front et présente à l'agresseur, pour le tenir en respect, le dou-

L'éléphant.

ble dard de ses défenses.

La tête est très volumineuse, voilée de chaque côté par de larges oreilles pendantes semblables à des lambeaux de cuir. Les yeux sont petits, mais brillants et assez expressifs. Le corps est court et ramassé. Cette lourde masse repose sur quatre jambes droites comme des piliers, sans articulations distinctes et terminées par des pieds arrondis. La peau est nue, dure, gercée à la façon d'une vieille écorce.

Les éléphants appartiennent aux régions chaudes de l'Asie et de l'Afrique. Ils se nourrissent exclusivement de végétaux. Sociables et pacifiques, ils vivent en troupes sous la conduite des vieux mâles. Les forêts pleines d'ombre, les fourrés épais de verdure, sont leur demeure favorite.

Le voyageur qui les surprend dans leur retraite peut juger du caractère paisible de ces colosses. Les uns cueillent de la verdure avec leur trompe, d'autres agitent un rameau feuillé pour s'éventer, quelques-uns sont couchés et dorment, tandis que les jeunes courent joyeux autour de la bande.

Il y en a qui gravement balancent la tête, ou rabattent les oreilles sur le front et les agitent ; il y en a qui lèvent et baissent régulièrement une de leurs pattes antérieures, ou la font balancer d'avant en arrière. Mais, si l'observateur est vu, senti ou seulement soupçonné, la troupe détale dans les profondeurs de la forêt.

Les défenses de l'éléphant fournissent l'*ivoire*, matière qui, par sa structure fine et serrée, apte à recevoir un superbe poli, se prête très bien aux travaux du tourneur et du sculpteur.

Éléphants dans leurs forêts natales.

Les billes de billard sont en ivoire. La chasse à l'éléphant a pour but d'obtenir les défenses, dont il se fait un commerce considérable.

De temps immémorial, l'éléphant des Indes est au service de l'homme ; on l'emploie comme bête de trait et de somme. Il traîne

Éléphant attelé à un chariot.

de lourds fardeaux, il s'attelle à des chariots, il porte sur son dos le chasseur qui va traquer le tigre, il rend enfin une foule de services avec une docilité de caractère rendue plus remarquable par la puissance énorme de la bête. Cependant sa domestication est incomplète, car il ne se propage pas en captivité. Il faut prendre vivants des éléphants sauvages et les apprivoiser après.

§. La Baleine. — Notre bœuf est bien gros et l'éléphant lui est de beaucoup supérieur. Il y a néanmoins des animaux plus gros encore ; mais ce n'est pas sur la terre, ce n'est pas dans les airs qu'il faut s'attendre à les trouver. Lorsque le corps acquiert des dimensions énormes, des pieds ne peuvent plus le supporter, des ailes ne peuvent plus le soutenir. Il faut l'appui des eaux pour de pareilles créatures. C'est donc dans la mer que vivent les plus gros.

La baleine.

En tête de ces monstrueuses bêtes est la *Baleine*, qui n'est pas un poisson malgré sa vie aquatique, mais un animal allaitant ses petits comme le font la brebis et la vache, enfin un mammifère. Cependant sa forme, disposée pour une nage très rapide, est grossièrement celle des poissons.

Les membres postérieurs manquent, et les membres antérieurs sont disposés en deux amples nageoires. La queue aplatie en forme une troisième, principal organe du mouvement ; mais à l'inverse de ce que nous montrent les poissons dont la queue s'étale toujours en une lame verticale, la baleine a la sienne étalée horizontalement, de sorte que, pour progresser, elle frappe l'eau de haut en bas, au lieu de la frapper de droite à gauche et de gauche à droite tour à tour.

L'animal mesure jusqu'à 33 mètres de longueur ; avec 20 mètres seulement de dimension, il pèse 70,000 kilogrammes, près de cent fois le poids d'un bœuf. On assure même que la baleine peut arriver au poids de 250,000 kilogrammes.

La tête, de forme arquée, fait environ le tiers de cette prodigieuse masse, et apparaît de loin au-dessus des flots comme un monticule noir. Elle est percée au sommet de deux ouvertures ou *évents*, par où la baleine lance les fumées de son souffle humide.

Malgré son continuel séjour dans l'eau, la baleine a la respiration des mammifères, dont elle a aussi les mamelles. Elle respire l'air atmosphérique au moyen de poumons, exactement comme le chien, le cheval, le bœuf et autres mammifères terrestres. Elle est donc obligée de venir de temps en temps à la surface faire provision d'air. Une minute et demie est à peu près l'intervalle entre deux respirations consécutives d'une baleine que rien ne trouble; mais s'il est poursuivi, blessé, l'animal peut rester plongé dans l'eau sans respirer jusqu'à vingt minutes.

Sa respiration débute par un souffle bruyant, qui chasse l'eau introduite dans les narines et la rejette en fine poussière jusqu'à 5 et 6 mètres de hauteur. On dirait deux colonnes de vapeur qui s'échapperaient avec bruissement par des tubes étroits. Après cette évacuation du liquide, arrive l'inspiration, tout aussi bruyante.

La tête s'ouvre en une gueule de 5 à 6 mètres de longueur et de 3 à 4 mètres de largeur; c'est un antre où un canot avec son équipage aisément pourrait trouver place. Le plancher en est tapissé par la langue immobile, fixée à la mâchoire inférieure dans toute son étendue. C'est un matelas de graisse, tout gorgé d'huile, et si mou, que la pression de la main y laisse profonde empreinte; qui se coucherait dessus s'y enfoncerait. De ce prodigieux lardon se retirent cinq à six barils d'huile.

La mâchoire supérieure est armée, en guise de dents, de sept cents lames de nature cornée, qui pendent du palais suivant la verticale. On les nomme *fanons*, et dans le langage vulgaire *baleines*. Leur longueur varie de 4 à

5 mètres, et leur largeur atteint une trentaine de centimètres.

Solides et flexibles à la fois, ces lames sont recherchées par l'industrie, qui en fabrique, en particulier, des baguettes de fusil de chasse, et des charpentes pour maintenir étalée l'étoffe des parapluies.

Le gosier de la baleine est un étroit passage où s'engagerait à peine notre poing. Il faut au colosse nourriture très divisée, proie fort petite, consistant surtout en animalcules glaireux, d'une longueur de quelques centimètres, parfois aussi fins qu'une aiguille ou même presque invisibles, mais si nombreux et amassés en bancs si compacts, qu'ils rendent certains parages de la mer semblables à une purée animale.

La pêche de la baleine.

La baleine nageant à la surface n'a qu'à ouvrir la gueule pour engloutir des millions de ces êtres. Le nombre suppléant à la taille, le plus petit nourrit ainsi le plus grand.

A travers la palissade serrée des fanons, la bouchée est tamisée ; les animalcules restent, aussitôt avalés, l'eau qui les accompagne est rejetée.

Les membres antérieurs, transformés en nageoires, sont aplatis en palettes dont la superficie dépasse 3 mètres carrés. Voilà, certes, de robustes machines à natation ; mais la nageoire formée par la queue est encore plus puissante. Elle a 2 mètres de long, et de 6 à 8 mètres de large. Quand cet énorme battoir se redresse et retombe en frappant l'eau, il se produit à la ronde un remous de tempête. Une embarcation atteinte est mise en pièces, ou lancée en l'air avec son équipage.

La peau est un cuir nu, huileux, noir sur le dos et les flancs, blanc avec faibles reflets jaunâtres sous le ventre ; quelques soies se rencontrent seulement à la partie antérieure de la gueule. Au-dessous, enveloppant tout le corps, est un matelas de graisse, pouvant atteindre un demi-mètre d'épaisseur ; c'est pour ce lard et les fanons que la baleine est pêchée. Le lard fondu donne l'*huile de baleine*, dont il se fait grande consommation pour le graissage des machines et la préparation des cuirs.

La baleine ne nourrit qu'un baleineau à la fois ; il est vrai que, pour pareil nourrisson, il faut des tonnes de lait à chaque tétée. Elle témoigne pour son petit un vif attachement ; elle le cache entre ses nageoires en cas de danger, elle l'abrite contre l'assaut des vagues grondantes, le défend avec courage et le conduit jusqu'à ce que les fanons, devenus assez grands, lui permettent de se suffire à lui-même.

Les pêcheurs prennent parfois le baleineau, sans méfiance, dans le but d'attirer la mère. Celle-ci remonte, en effet, des profondeurs pour venir au secours du jeune ; elle le prend dans ses nageoires et cherche à l'entraîner. C'est alors surtout qu'elle devient dangereuse ; elle a perdu toute crainte et s'élance furieuse sur ses ennemis. Lardée de lances et de harpons, elle périt plutôt que d'abandonner son petit.

X

LE COQ ET LA POULE

Est-il besoin de décrire le coq ? Qui n'a admiré ce bel oiseau, au regard vif, à la contenance fière, à la démarche lente et grave ? Une lame de chair d'un rouge écarlate lui forme sur la tête une crête dentelée ; sous la base du bec pendent deux barbillons semblables à des lames de corail. Sur chaque tempe, à côté de l'oreille, est une plaque de peau nue et d'un blanc mat.

Une riche pèlerine d'un roux doré lui descend du col et retombe sur les épaules et la poitrine ; deux plumes à reflets verts et métalliques se recourbent gracieusement en panache au-dessus de la queue. Le talon est armé d'un éperon de corne, d'un ergot dur et pointu, arme redoutable dont le coq poignarde son rival dans une lutte à mort.

Son chant est un éclat de voix sonore, qu'il fait entendre à toute heure, la nuit aussi bien que le jour. A peine le ciel commence-t-il à blanchir des douteuses clartés de l'aube, que, debout sur son perchoir, il jette aux échos de la nuit son perçant *coquerico*, réveille-matin de la ferme.

Le coq.

Le coq est le roi de la basse-cour. Plein de soins pour ses poules, il les conduit, les défend, les châtie; il surveille du regard celles qui s'écartent; il va chercher les vagabondes et les ramène avec de petits cris d'impatience, qui, sans doute, sont des admonestations. Un coup de bec, au besoin, achève de persuader les plus récalcitrantes.

Mais, s'il découvre des vivres, grains, insectes, vermisseaux, il convie aussitôt de la voix les poules au régal. Lui cependant, superbe, généreux, se tient au milieu de la foule, grattant la terre pour mettre à jour les vers, et distribuer, de-çà, de-là, aux convives la nourriture déterrée. Si quelque poule gloutonne se fait la part trop grosse, il la rappelle aux devoirs de la communauté et la réprimande d'un coup de bec sur la tête. Quand toutes ses compagnes sont rassasiées, il se contente des restes.

Plus simple de costume, la poule, joie de la fermière, trottine dans la basse-cour, gratte et becquette en caquetant. L'œuf pondu, elle annonce ses joies avec un enthousiasme que ses compagnes partagent, si bien que tout le poulailler éclate en un chœur d'allégresse pour acclamer l'heureux événement.

Dans un recoin poudreux et visité du soleil, elle s'accroupit, se trémousse avec délices et fait voler une fine pluie de poussière entre ses plumes pour apaiser les démangeaisons qui la tourmentent. Puis, la patte allongée, l'aile étendue, elle sommeille dans son nid de terre aux heures les plus chaudes du jour; ou bien, sans se déranger de son voluptueux repos, elle épie la mouche posée contre le mur et la saisit d'un coup de bec prestement dardé.

Comme le coq, elle avale de petits cailloux qui lui tiennent lieu de dents et servent à broyer le grain dans le gésier. Elle boit en relevant la tête au ciel pour faire descendre chaque gorgée; elle dort sur une patte, l'autre retirée dans la plume et la tête cachée sous l'aile.

La poule.

C'est bien un des plus intéressants spectacles de la ferme que celui de la poule à la tête de ses poussins. D'un pas lent, mesuré sur la faiblesse de la couvée, elle va de-ci, puis de-là, au hasard des trouvailles, toujours l'œil vigilant et l'oreille attentive. Elle glousse d'une voix enrouée par les fatigues maternelles; elle gratte pour déterrer de menus grains, que les petits viennent prendre sous son bec.

Voici qu'une bonne place est trouvée au soleil pour se reposer de la promenade et se réchauffer. La poule s'accroupit, gonfle son plumage et soulève un peu les ailes, arrondies en berceau. Tous accourent et se blottissent sous le chaud couvert.

Deux ou trois mettent la tête dehors, leur jolie tête éveillée où reluisent les yeux comme deux perles noires; l'un, dans sa hardiesse, se campe sur le dos, et, de ce poste élevé, becquette le cou de la poule ; les autres, les plus nombreux, couchés dans le duvet, sommeillent ou pépient doucement. La sieste faite, on se remet en promenade, la mère grattant et gloussant, les petits trottinant autour d'elle.

Qu'est ceci ? C'est l'ombre d'un oiseau de proie qui, un instant, est venue faire tache au milieu du soleil de la cour. La menaçante apparition n'a pas eu la durée d'un clin d'œil ; la poule néanmoins l'a vue. Le danger presse, l'oiseau de rapine n'est pas loin. Au gloussement d'alarme, les poussins se réfugient à la hâte sous la mère, qui leur fait rempart de ses ailes.

Et maintenant le ravisseur peut venir. Cette mère si faible, si timide, qu'un rien mettrait en fuite dans une autre occasion, devient d'une imposante audace quand il s'agit de sa couvée. Que l'autour apparaisse, et la poule, ivre de tendresse

Oiseau de proie.

et d'intrépidité, se jettera au-devant de la terrible serre. Par ses battements d'ailes, ses cris redoublés, ses furieux coups de bec, elle tiendra tête à l'oiseau de proie, qui finira par s'éloigner, rebuté par cette indomptable résistance.

L'attachement de la poule pour ses poussins se montre dans une autre circonstance remarquable. Comme elle est excellente couveuse, on lui donne parfois à couver les œufs de la cane. La poule élève sa famille d'adoption comme sa propre famille, elle a pour les petits canards les mêmes soins qu'elle aurait pour ses poussins.

Tout va bien tant que les canetons, veloutés d'un poil follet jaune, se conforment aux avis de leur nourrice et courént sous son aile au premier cri d'appel. Mais un jour arrive où leur instinct aquatique s'éveille. Ils sentent la mare, les petits canards, la mare voisine, où coasse la grenouille et frétille le têtard. Ils y vont clopin-clopant, rangés sur une file. La poule les suit, ignorante de leur projet. Ils atteignent la mare et se jettent à l'eau.

C'est alors, de la part de la poule, qui croit sa famille en danger, les gloussements les plus désespérés. Dans ses transes mortelles, la pauvre mère court, comme une folle, sur le rivage, la voix enrouée d'émotion, le plumage hérissé de frayeur. Elle rappelle, menace, supplie. Le rouge de la colère lui monte à la crête, le feu du désespoir lui allume la prunelle. Elle va même, miracle de l'amour maternel! elle va jusqu'à risquer une patte dans l'eau, dans l'élément perfide dont la vue la fait pâmer d'effroi.

Mais à toutes ses supplications les petits canards font la sourde oreille, heureux de pourchasser, au milieu des cressons, le têtard au ventre argenté.

Peu à peu cependant, rassurée par les premiers essais, la poule conduit volontiers au bain les canetons et surveille du rivage leurs joyeux ébats.

———

XI

L'ŒUF

Les œufs de la poule sont blancs, comme aussi les œufs du pigeon, du canard et de l'oie. La dinde a les siens tiquetés d'une multitude de petits points d'un roux pâle. Mais ce sont surtout les œufs des oiseaux non soumis à la domesticité qui sont remarquables par leur coloration.

Il y en a d'un beau bleu de ciel, tels que ceux de certains merles; de roses, pour quelques fauvettes; d'un vert sombre, presque bronzé, pour ceux du rossignol. Ceux du corbeau sont d'un vert bleuâtre avec des taches brunes; ceux du chardonneret sont ponctués de brun rougeâtre, surtout au gros bout.

La coloration est tantôt uniforme, et tantôt rehaussée par des taches sombres, par des ponctuations jetées au hasard, par des traits bizarres qui rappellent une écriture indéchiffrable; tels sont ceux de l'ortolan.

La chouette.

La plupart ont la forme allongée, renflée à un bout, pointue à l'autre, dont le modèle est l'œuf de poule; mais il y en a de ronds, ressemblant à des billes : tels sont ceux des oiseaux de proie nocturnes, hiboux et chouettes.

Par sa nature, la coquille de l'œuf ne diffère pas de la vulgaire pierre à bâtir; ou mieux, à cause de son extrême pureté, elle ne diffère pas de la craie dont on fait usage pour écrire au tableau. En un mot, c'est du *calcaire*.

Le petit-duc.

Or, aucun animal ne crée de la matière, aucun ne fait de rien son corps et tout ce qui en provient. L'oiseau ne trouve donc pas en lui les matériaux pour la coquille de l'œuf; il les prend au dehors avec sa nourriture. Parmi le grain qu'on lui jette, la poule trouve des parcelles de pierre qu'a laissées un nettoyage très imparfait; elle les avale sans hésiter, reconnaissant fort bien pourtant que ce sont de petites pierres et non des grains de blé.

Cela ne lui suffit pas : toute la journée, on la voit gratter et becqueter dans la basse-cour. De temps en temps, elle déterre quelque vermisseau, sa grande friandise; de temps en temps aussi, quelque fragment de pierre calcaire, dont elle fait son profit. C'est ainsi qu'en avalant de menus grains calcaires, la poule fait provision de matériaux pour la coque de son œuf.

Si ces matériaux venaient à lui manquer, si la nourriture qu'on lui donne ne renfermait pas de calcaire, si, captive dans une cage, elle ne pouvait se procurer elle-même la pierre en becquetant le sol, elle pondrait des œufs sans coquille et simplement enveloppés d'une peau flasque.

Si nous regardons attentivement un œuf de poule, nous distinguerons sur la coque, principalement au gros bout, une multitude de très petits points enfoncés comme pourrait en faire la pointe d'une fine aiguille. A chacun de ces enfoncements correspond un trou invisible, qui perce la coquille de part en part et fait communiquer l'intérieur avec l'extérieur.

Ces trous, beaucoup trop étroits pour laisser se répandre au dehors le contenu liquide de l'œuf, suffisent néanmoins au passage soit des vapeurs humides qui s'exhalent hors de la coque, soit de l'air qui pénètre au dedans et remplace l'humidité disparue.

La présence de ces innombrables ouvertures est d'absolue nécessité pour l'éveil et l'entretien de la vie dans le futur poulet. Tout être vivant respire, toute vie naît et se continue par l'action de l'air. Il faut de l'air à la semence qui germe sous terre. Enfoncée trop profondément, elle dépérit sans pouvoir lever, parce que l'épaisse couche du sol empêche l'air d'arriver jusqu'à elle.

Il faut de l'air à l'œuf pour que sa substance, doucement chauffée par la mère, prenne vie et devienne petit poulet ; sans discontinuer, il en faut à celui-ci, tout enfermé qu'il est dans sa coquille. Grâce aux ouvertures dont la coque est criblée, l'air pénètre à mesure que l'exigent les besoins de la respiration : il vivifie la matière de l'œuf et le petit être qui lentement se forme.

Cassons maintenant la coquille. Que trouvons-nous dessous ? Nous trouvons une peau souple, une fine membrane, qui de partout tapisse l'intérieur de la coque et forme une espèce de sac sans ouverture, que remplissent le blanc et le jaune. Lorsque accidentellement la couche calcaire fait défaut, cette membrane constitue à elle seule l'enveloppe de l'œuf, enveloppe molle comme le serait un mince parchemin mouillé.

Récemment pondu, un œuf a la capacité de sa coque exactement pleine; mais il ne tarde pas à perdre une partie de son humidité, qui s'exhale à travers les orifices de la coquille. Un vide se fait donc à l'intérieur, du côté du gros bout, où l'exhalaison est plus rapide.

Alors, en cette partie, la membrane se détache de la coque, qu'elle tapissait d'abord, et recule à l'intérieur, avec le contenu de l'œuf amoindri par l'évaporation. Il se produit de la sorte, au gros bout, une cavité que l'air du dehors vient occuper et qu'on appelle, pour ce motif, *chambre à air*.

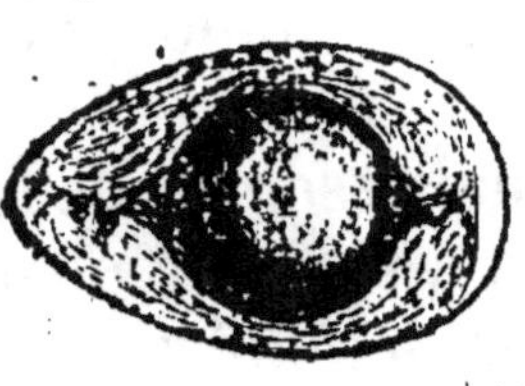

Structure de l'œuf.

Cette chambre, nulle au début, s'agrandit peu à peu, à mesure que l'évaporation de l'humidité laisse plus d'espace libre; elle est par conséquent d'autant plus spacieuse que l'œuf est plus vieux. Si l'œuf est mis à couver, la chaleur de la mère active l'évaporation et fait rapidement apparaître la chambre à air.

Là s'amasse, comme dans un réservoir, la provision d'air nécessaire à la vitalité de l'œuf et à la respiration de l'oiseau naissant. L'espace vide du gros bout est donc un entrepôt respiratoire.

Lorsque nous mangeons un œuf cuit dans sa coque, cassons-le avec soin du côté du gros bout. Si l'œuf est très récent, sous la coquille se montrera immédiatement le blanc, sans intervalle vide; mais s'il est vieux, nous trouverons un creux inoccupé, plus ou moins grand: c'est là la chambre à air.

Vient après la *glaire* ou le *blanc*. La glaire est distribuée en diverses couches qui, aux deux bouts de l'œuf, se tordent sur elles-mêmes et forment deux sortes de gros cordons noueux. Pour voir ces cordons, il faut casser avec précaution, dans une assiette, un œuf non cuit. On distingue alors, de chaque côté du jaune, une masse où la glaire est plus épaisse et comme noueuse. Ce sont là, affaissés et déformés par la rupture de l'œuf, les deux cordons en question.

Pour nous en faire une idée nette, prenons une orange, mettons-la dans un mouchoir, et tordons celui-ci en sens contraire par les deux bouts. L'orange renfermée dans l'enveloppe du mouchoir représente la boule du jaune entourée par la glaire; les deux extrémités tordues du mouchoir sont les deux cordons du blanc.

Au moyen de ces deux attaches, le jaune, partie la plus importante et la plus délicate de l'œuf, est suspendu, comme dans un hamac, au centre de la glaire, sans être exposé à des déplacements qui seraient dangereux pour le germe de vie placé en un point de sa surface.

Ce hamac glaireux, avec ses deux cordons suspenseurs, a un autre rôle d'une infinie délicatesse. Les premières ébauches du poulet naissant doivent apparaître en un point du jaune. Or, à mesure que ce petit être se forme et grandit, il lui faut plus d'espace en restant étroitement enfermé et maintenu en place, afin d'éviter le moindre trouble dans les chairs à demi fluides encore et commençant à prendre nature.

Comment ces conditions se réalisent-elles dans l'œuf? Pour le bien comprendre, revenons à l'orange enveloppée d'un mouchoir tordu aux deux bouts. Ne voyez-vous pas que si les extrémités du mouchoir se détordent un peu, l'orange, en supposant qu'elle exige petit à petit plus de place, trouvera toujours l'espace nécessaire sans cesser un instant d'être bien enveloppée et maintenue immobile?

De même les cordons suspenseurs du blanc se relâchent, se détordent graduellement, à mesure que le petit oiseau grossit, aux dépens du jaune, dans son douillet hamac de glaire; le large convenable se fait, et le débile oisillon n'en reste pas moins finement emmailloté et suspendu au centre de l'œuf, loin du dur contact de la coquille.

Le *jaune* est rond et d'une couleur qui lui a valu son nom. En un point de sa surface se voit une tache circulaire, d'un blanc pâle, où la matière est un peu plus condensée qu'ailleurs. On l'appelle *cicatricule*. C'est là le foyer où réside l'étincelle de vie qui, excitée par l'incubation, animera la matière de l'œuf et la façonnera en un être vivant; c'est le point de départ, l'origine, le *germe* de l'oiseau.

Le jaune lui-même est le réservoir nutritif où sont puisés les matériaux pour ce travail de création. Vivifié par la chaleur de la couveuse et par l'action de l'air, il se couvre d'un réseau de fines veines. Celles-ci se gonflent de la substance du jaune, qui s'y transforme en sang; et ce sang, amené d'ici, amené de là, devient les chairs de l'être qui se forme.

Le jaune est donc la première nourriture de l'oiseau, mais nourriture que ne saisit pas un bec et que ne digère pas un estomac n'existant pas encore. Il se change en sang et après en chair sans le travail préparatoire de l'habituelle digestion; il imbibe directement les veines et nourrit ainsi tout le corps.

Les animaux à mamelles, les mammifères, ont aussi une nourriture du très jeune âge, le lait, indispensable au faible estomac des nourrissons. Eh bien, le jaune est pour l'oiseau dans sa coquille ce que le lait est pour l'agneau et pour les petits de la chatte; c'est son laitage à lui, qui ne peut s'adresser à des mamelles maternelles. Le langage populaire a parfaitement saisi l'étroite ressemblance : on appelle *lait de poule* une boisson préparée avec le jaune d'œuf.

XII

LES POUSSINS

L'oiseau qui couve s'accroupit, se couche sur ses œufs, qu'il réchauffe de sa chaleur, pendant de longs jours, avec une patience infatigable. De là, pour désigner cet acte, le mot d'*incubation*, qui signifie *se coucher dessus*.

Qui n'a pas vu une poule couver ignore une des plus touchantes choses de ce monde : l'attachement de l'oiseau pour ses œufs, s'oubliant lui-même jusqu'au sacrifice de sa vie. Ses yeux étincellent de fièvre, sa peau est brûlante. Le manger et le boire sont oubliés, et telle poule, pour ne pas quitter ses œufs d'un instant, se laisserait mourir de faim sur la couvée, si l'on ne venait chaque jour la lever doucement de son nid et la faire manger. D'autres, moins persévérantes, descendent d'elles-mêmes du panier, prennent à la hâte un peu de nourriture et regagnent aussitôt le nid.

Il faut de vingt à vingt et un jours pour que les poussins sortent de la coquille. Pendant ce temps, nuit et jour, la mère reste accroupie sur les œufs, sauf les rares moments qu'elle accorde, comme à regret, au besoin de la nourriture. Sa seule distraction en ce profond recueillement, c'est de retourner les œufs toutes les vingt-quatre heures et de les changer de place : ceux du bord au centre, ceux du centre au bord, afin de leur communiquer à tous une part égale de chaleur.

Nous venons de voir que le germe de l'oiseau est une tache circulaire, d'un blanc pâle, la cicatricule, située à la surface du jaune. Au bout de cinq à six heures d'incubation, on distingue déjà, au centre de la cicatricule, un petit renflement glaireux qui sera la tête, et une ligne qui deviendra l'épine du dos.

Bientôt bat, par intervalles réguliers, l'organe le plus nécessaire à la vie, le cœur, qui chasse dans un réseau de fines artères le sang petit à petit formé avec la substance du jaune, et le distribue partout pour fournir des matériaux aux organes naissants. C'est vers le second jour qu'apparaissent, pour ne plus s'arrêter désormais qu'à la mort, les premiers battements du cœur.

Ainsi arrosée de chair coulante, car le sang n'est pas autre chose, le poussin fait de rapides progrès. Les yeux se montrent et forment de chaque côté de la tête une grosse tâche noire ; les canons des grosses plumes apparaissent dans leurs étuis ; les écailles des pieds se dessinent en bleuâtre ; les os, d'abord mous, se consolident en s'incrustant d'un peu de matière pierreuse.

Dès le dixième jour, toutes les parties du poussin sont bien formées. Le petit être, mollement suspendu dans son hamac au moyen de deux cordons suspenseurs qui se détordent peu à peu pour lui faire place à mesure qu'il grandit, est couché sur lui-même, la tête repliée contre la poitrine et cachée sous l'aile.

Remarquons que c'est précisément cette position du profond sommeil dans l'œuf que la poule prend quand elle veut dormir. Accroupie sur le perchoir, elle plie encore la tête sur la poitrine et la cache sous l'aile, comme elle le faisait à l'état de poussin dans sa coquille.

Cependant le petit oiseau grossit toujours, et un moment arrive où il crève la mince membrane située sous la coque. Le voilà plus à l'aise avec le surcroît d'espace que lui cède la chambre à air. Maintenant, pour une oreille attentive, de faibles pépiements s'entendent sous la coque ; c'est le dix-septième ou le dix-huitième jour. Encore une paire de jours, et le poussin, réunissant ses forces, va se livrer à l'ardu travail de la délivrance.

Un durillon pointu, fait exprès, lui est né sur le haut du bec, tout au bout. Voilà l'outil, voilà la pioche pour ouvrir la prison, outil de circonstance, de très courte durée, qui doit disparaître une fois la coquille trouée.

Avec cette pioche provisoire, le poussin se met à cogner la coque ; obstinément il pousse, il choque, il gratte, jusqu'à ce que la paroi de pierre cède. Pour les vigoureux, c'est l'affaire de quelques heures. La coquille brisée, apparaît la mignonne tête du poussin, toute veloutée d'un poil follet jaune, et moite encore de l'humidité de l'œuf. La mère vient en aide et achève la délivrance.

Dès la sortie de l'œuf, les poussins sont capables de becqueter la nourriture, de trottiner autour de leur mère, qui les conduit en gloussant. Ils ont en outre une

douce fourrure de poils follets, qui les habille chaude-
ment. Cette précocité n'appartient pas, il s'en faut de
beaucoup, à tous les oiseaux. Les pigeons, par exemple,
sortent de l'œuf tout nus et ne savent pas manger seuls ;
il faut que la mère et le père les alimentent en leur dé-
gorgeant de la nourriture.

La fauvette, le pinson, le chardonneret, la mésange,

La poule et ses poussins.

l'alouette, le moineau et presque tous les oiseaux des
champs ont aussi leurs petits très faibles, nus, d'abord
aveugles et complètement incapables de prendre eux-
mêmes la nourriture, serait-elle sous le bec. Il faut que
les parents, pendant de longs jours, avec une tendresse
infinie, leur apportent et leur donnent la becquée.

Les petits poussins, au contraire, ramassent fort bien
d'eux-mêmes à terre les graines et les vermisseaux que
la poule trouve pour eux. Les petits du canard, de la
dinde, de l'oie, et, parmi les oiseaux sauvages, de la perdrix et de la caille, ont la même précocité que ceux de

poule. Ils sont vêtus de duvet en sortant de l'œuf et savent manger seuls.

Une des causes de cette différence dans la manière dont les jeunes oiseaux se comportent aussitôt après l'éclosion provient de la grosseur de l'œuf. L'oiseau ne se forme qu'avec les matériaux contenus dans l'œuf; plus cet œuf est gros, toute proportion gardée relativement à la taille de l'animal, plus le jeune qui en provient est fort et développé.

L'autruche.

Aussi les espèces qui ont des œufs volumineux sont vêtues au moment de l'éclosion; elles peuvent courir et savent manger seules. Celles dont les œufs sont relativement de petite taille naissent faibles, nues, aveugles, et réclament longtemps, immobiles dans le nid, la becquée de la mère.

L'œuf le plus grand que l'on connaisse est celui d'un énorme oiseau qui vivait autrefois dans l'île de Madagascar, et dont la race paraît être aujourd'hui complètement détruite. Cet oiseau se nomme *Épiornis*. Il avait de trois à quatre mètres de hauteur, et rivalisait ainsi pour la taille avec un cheval très haut de jambes.

Chasse à l'autruche.

De semblables oiseaux devaient pondre des œufs monstrueux. Ils le sont en effet; leur longueur est de trois décimètres et demi, et leur capacité mesure près de neuf litres. Pour représenter l'œuf de l'épiornis, il faudrait 148 œufs de poule, douze douzaines et plus.

Des oiseaux qui vivent maintenant, le plus gros est l'*Autruche*, commune dans l'Afrique centrale. Pour faire en grosseur un œuf d'autruche, il faudrait à peu près deux douzaines d'œufs de poule. Il va sans dire que les petits de l'autruche savent courir et manger seuls quand ils sortent de la coquille.

Voilà les œufs les plus gros, voyons les plus petits. Ce sont ceux de l'*Oiseau-Mouche*, charmante créature des pays chauds, dont le splendide plumage ferait pâlir ce que les métaux de prix, les pierreries, les bijoux, ont de plus brillant. Il y en a d'aussi petits que nos fortes guêpes, et que certaines araignées prennent dans leurs filets comme les araignées de nos pays capturent les moucherons.

Leur nid est une coupe de coton grande comme la moitié d'un abricot. On peut juger par là des œufs. Il en faudrait 340 pour faire un œuf de poule, et 50,000 pour faire un œuf d'épiornis. Avec cette petitesse de l'œuf, les petits de l'oiseau-mouche naissent faibles, aveugles, nus et reçoivent la becquée de la mère.

XIII

LES NIDS

Sans jamais l'avoir appris, sans jamais l'avoir vu faire à d'autres, les oiseaux construisent leurs nids, destinés à l'éducation de la famille. Il nous faut de longues années pour apprendre un métier ; eux, du premier coup et sans apprentissage aucun, sont maîtres dans leur art difficile.

Ces architectes en nids ont les talents les plus variés. Il y a des fouisseurs, qui se pratiquent un creux dans le sable ; des mineurs, qui excavent une cellule où conduit une longue et étroite galerie ; des charpentiers, qui forent le tronc d'un arbre vermoulu ; des maçons, qui bâtissent en mortier formé de terre gâchée avec de la salive ; des vanniers, qui tissent des bûchettes, de fines racines, des pailles ; des tailleurs, qui cousent d'un filament d'écorce, avec le bec pour aiguille, quelques feuilles ensemble pour loger au fond du cornet le matelas de la nichée ; des ouvriers en feutre qui foulent duvet, bourre ou coton pour obtenir certaines étoffes rivalisant avec les nôtres ; des constructeurs de forteresses, qui protègent leur nid avec un impénétrable amas de buissons.

Le *Chardonneret*, ce gracieux petit oiseau à tête rouge, qui porte le nom de la plante dont il affectionne les semences (le *chardon*), construit un nid des mieux travaillés dans l'enfourchure de quelque branche flexible. L'intérieur se compose de mousse et de lichens feutrés avec la bourre des chardons et d'autres plantes dont les graines sont surmontées d'aigrettes soyeuses, comme les séneçons et les pissenlits ; l'intérieur, artistement arrondi, est doublé d'une épaisse couchette de crins, de laine, de plumes. Les œufs, au nombre de cinq ou six, sont blancs et tiquetés de brun rougeâtre, principalement au gros bout.

Le pinson.

Le *Pinson* construit son nid à peu près de la même manière ; mais, plus soupçonneux que le chardonneret, il tapisse le dehors de sa demeure d'une couche de lichens grisâtres, qui, se confondant avec les autres lichens dont la branche est naturellement couverte, déroutent le regard du dénicheur.

L'*Hirondelle* construit son nid aux angles des fenêtres, sous le rebord des toits, sous les corniches des édifices. Ses matériaux sont la terre fine, principalement celle que les vers rejettent en petits monceaux, dans les prairies et les jardins, après l'avoir digérée. L'hirondelle l'apporte becquée par becquée, l'imbibe d'un peu de salive visqueuse pour en faire un mortier tenace, et la dispose par assises en une demi-boule accolée au mur et percée dans le haut d'une étroite ouverture.

Des brins de paille, enchâssés dans la bâtisse, donnent plus de solidité à la maçonnerie de terre. Enfin l'intérieur est matelassé d'une grande quantité de fines plumes.

Une autre espèce d'hirondelle fréquente nos demeures, niche dans nos hangars et jusque dans nos habitations. Son nid, toujours en terre, est largement ouvert par le haut et a la forme d'une demi-coupe. On la nomme *Hirondelle de cheminée*. La précédente, dont le nid est rond et ouvert d'un simple trou, s'appelle *Hirondelle de fenêtre*.

Le *Loriot*, à peu près de la taille du merle, en entier d'un jaune superbe, moins les ailes qui sont noires, est un des plus beaux oiseaux de nos pays. Pour établir son nid, il choisit, sur un arbre élevé, une longue et flexible branche dont l'extrémité se termine en fourche horizontale. Entre les deux ramifications de cette fourche est tissé un hamac qui doit recevoir le nid.

Des lanières de fine écorce, rouies par un long séjour à l'air et à la pluie, et converties de la sorte en filasse, sont les matériaux pour cette œuvre d'art. Les fils, les cordons, vont d'une ramification à l'autre, les enlacent, se croisent, se recroisent, et forment ainsi une poche solidement fixée et suspendue. De larges feuilles de gramen desséchées en consolident les parois.

Dans ce hamac est construit ensuite le matelas, en forme de coupe ovalaire et composé de délicates pailles choisies parmi les plus fines. L'ouvrage terminé a quelque ressemblance avec ces élégantes petites corbeilles d'osier, rembourrées de laine, que nous donnons, pour nicher, aux serins en cage.

La *Mésange à longue queue*, ainsi nommée à cause du développement excessif de la queue, qui fait plus de la moitié de la longueur totale du corps, habite les bois pendant la belle saison, et ne vient que l'hiver dans nos jardins et nos vergers. C'est un petit oiseau rougeâtre sur le dos et blanc en dessous.

Le nid est tantôt placé dans l'enfourchure des hautes branches d'un arbuste, tantôt dans l'épais fourré d'un buisson ; mais il est le plus souvent accolé au tronc d'un saule et d'un peuplier. Sa forme est celle d'un énorme cocon. Il a son entrée sur le côté, près du sommet.

La coque extérieure se compose de lichens conformes à ceux qui viennent sur l'arbre servant de support, afin de se confondre avec l'écorce et de tromper les regards des passants. Des filaments de laine en retiennent toutes les parties enchevêtrées entre elles. Le dôme, pour

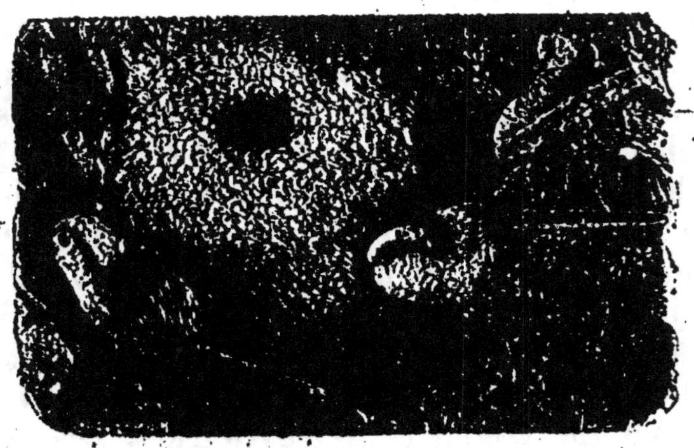

La mésange à longue queue et son nid.

mieux résister à la pluie, est un feutre épais de mousse et de fils d'araignée.

L'intérieur ressemble à la cavité d'un four, dont le sol serait excavé en coupe et la voûte très élevée. Un lit très épais de plumes soyeuses forme l'ameublement du nid. Là reposent seize à vingt oisillons, rangés par ordre dans l'étroite conque, de la grandeur au plus du creux de la main. Par quel miracle de parcimonieux emménagement ces vingt petites créatures avec leur mère trouvent-elles place en ce logis? comment d'aussi longues queues peuvent-elles s'y développer?

Le nid de la *Mésange penduline* est encore plus remarquable. Cette mésange n'habite guère que les bords du cours inférieur du Rhône. Elle suspend très haut son nid à l'extrémité de quelque rameau flexible d'un arbre de la rive, de manière que sa famille est mollement bercée par la brise des eaux. C'est une sorte de bourse ovale, de la grosseur à peu près d'une bouteille, percée vers le haut et sur le flanc d'un étroit orifice qui se prolonge en un court goulot d'entrée où l'on peut au plus engager le doigt. Pour franchir ce passage, la mésange, toute petite qu'elle est, doit forcer la paroi élastique, qui cède un peu, puis se rétrécit.

Cette bourse est fabriquée avec la bourre cotonneuse qui s'échappe, en mai, des fruits mûrs des peupliers et des saules. La mésange assemble et consolide les flocons cotonneux par une trame de laine et de chanvre. Le tissu obtenu ressemble au feutre de quelque chapeau grossier.

Le *Troglodyte*, *Pétouse* de la Provence, *Robertot* des provinces de l'Ouest, est aussi, lui, le nain de nos oiseaux, un maître consommé dans l'art de bâtir les nids. Vous connaissez tous le petit oiseau, bouffée de plumes couleur de bécasse, qui, l'aile pendante, le bec au vent, la queue relevée sur le croupion, toujours frétille, sautille et babille : *tirit, tirit*. Il rôde chaque hiver autour de nos habitations ; il circule dans les tas de fagots, il visite les trous des murs, il pénètre au plus épais des buissons. De loin, on le prendrait pour un petit rat.

Le troglodyte.

Dans la belle saison, il habite les bois touffus. Là, sous l'arcade de quelque grosse racine à fleur de terre, il construit un nid imité de celui de la penduline. Les matériaux sont de brins de mousse, pour que l'édifice se confonde d'aspect avec le support. Il les assemble et les feutre en une grosse boule, percée sur le côté d'une ouverture très étroite. L'intérieur est garni de plumes.

La *Pie* établit sa demeure au sommet d'un arbre élevé, observatoire d'où se voit venir de loin l'ennemi, et au centre d'un bouquet de ramifications servant d'appui à l'édifice. C'est un entrelacement de bûchettes avec plancher de terre gâchée. De fines racines, des gramens, quelques touffes de bourre, forment le matelas.

Jusque-là rien ne s'éloigne de l'architecture habituelle des nids, mais voici où la pie déploie un talent spécial. Tout le nid, dans le haut surtout, est enveloppé d'un épais rempart, d'une enceinte fortifiée composée de rameaux épineux solidement enchevêtrés. On dirait un informe fagot de broussailles. A travers ce rempart, une ouverture est laissée du côté le mieux défendu et juste suffisante pour laisser entrer et sortir la mère. C'est l'unique porte du château fort aérien.

Mais en voilà bien assez pour voir combien l'oiseau est habile et combien il sait varier les constructions de sa demeure. Enfants, ne touchez jamais aux nids. Tout dénicheur est un mauvais drôle : il détruit niaisement, dans l'œuf, de charmantes créatures, joie de nos champs ; il prive l'agriculture de vaillants auxiliaires qui défendent les biens de la terre en faisant une continuelle guerre à la vermine, aux insectes, ravageurs de nos récoltes. La loi punit ce sot et barbare vaurien ; la loi a mille fois raison.

XIV

OISEAUX UTILES A L'AGRICULTURE

Le *Hibou*, le *Duc*, la *Chouette* et autres espèces pareilles sont des oiseaux de proie nocturnes. On les dit oiseaux de proie parce qu'ils vivent du produit de leurs chasses, consistant surtout en rats, souris, mulots et campagnols. Ils sont parmi les oiseaux ce que le chat est parmi les mammifères : des acharnés destructeurs de ce petit gibier à poil dont la souris est pour nous l'exemple le plus familier.

Le langage a consacré cette ressemblance de mœurs par l'expression de *chat-huant* appliquée à quelques-uns d'entre eux. Ce sont des chats pour la manière de vivre,

des chats qui *huent*, c'est-à-dire jettent des cris pareils
à de plaintifs hurlements. Ils sont nocturnes ; en d'autres
termes, ils se tiennent blottis le jour dans quelque obscure cachette, d'où ils ne
sortent que le soir, pour
chasser au crépuscule et aux
clartés de la lune. Tous font
la chasse dans les champs
aux mulots et aux campa-
gnols, redoutables destructeurs des récoltes ; ils vont
dans nos vieux greniers guet-
ter le rat et la souris. Puisqu'ils nous viennent tant en
aide, respectons-les donc, au
lieu de les clouer stupide-
ment sur le portail de la
ferme.

Le grand-duc.

Presque tous les petits oiseaux sont de vaillants éche-
nilleurs sans lesquels les biens de la terre seraient gran-
dement en péril. Ne pouvant parler de tous, parlons au
moins de quel-
ques-uns.

Les *Mésanges*
sont de petits oi-
seaux vifs et pé-
tulants, toujours
en action, qui
voltigent sans
cesse d'arbre en
arbre, en visitent
soigneusement
les branches, se

Le campagnol.

suspendent à l'extrémité des plus faibles rameaux, s'y
maintiennent dans toutes les positions, souvent la tête en
bas, et suivent le balancement de leur flexible support
sans lâcher prise, sans discontinuer de visiter les bour-

geons véreux, qu'ils ouvrent pour en extraire les vermisseaux et les œufs inclus.

On estime qu'une mésange détruit par an trois cent mille œufs d'insectes; il est vrai qu'elle doit suffire aux besoins d'une famille comme on en trouve peu d'aussi nombreuses. Vingt oisillons et plus à nourrir à la fois, dans le même nid, ne sont pas une charge trop forte pour son activité. C'est alors qu'il faut en visiter des bourgeons et des gerçures d'écorce pour attraper araignées, chenilles, ver-

Le mulot.

misseaux de toute espèce et donner la becquée à vingt becs toujours bâillant de faim au fond du nid.

La mère arrive avec une chenille; la nichée est en émoi, vingt becs s'ouvrent, un seul reçoit le morceau, dix-neuf attendent. La mésange repart infatigable, et quand le vingtième bec est repu, le premier depuis longtemps recommence à bâiller de faim. Que ne doit pas consommer en vermine un pareil ménage! Que de corbeilles de fruits sauvées de la destruction!

La souris.

Les *Pics* se nourrissent uniquement d'insectes et de larves, surtout des espèces qui vivent dans le bois. Pour les atteindre, il faut faire voler en pièces les écorces mortes et sonder le bois vermoulu. L'instrument employé à ce rude travail est le bec, qui est droit, en forme de coin, carré à la base et taillé à la pointe comme un instrument de charpentier.

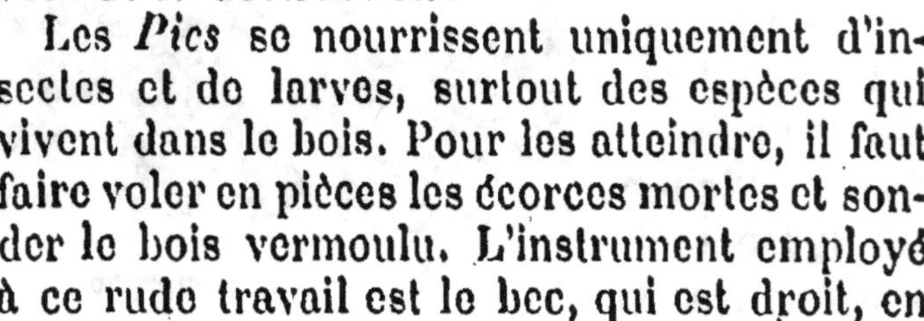

Le pic.

Ce bec, d'une substance dure et solide, sort d'un crâne

très épais que n'ébranlent pas les commotions du choc ; il est mis en mouvement par un cou robuste et raccourci, qui réitère le choc sans fatigue, dût l'oiseau creuser le bois jusqu'au cœur du tronc. L'excavation faite, le pic y darde une langue très longue, arrondie comme un ver, visqueuse, armée d'une pointe dure et barbelée dont il perce, dans leurs trous, les larves mises à découvert.

Le pic sait reconnaître, au son que rend le point frappé, si le bois est carié et nourrit des larves ; au son mat et plus sec, si l'emplacement ne mérite pas d'être exploité plus avant. Dans le premier cas, il fait voler le bois en copeaux, il déblaye à grands coups la vermoulure, et atteint dans son gîte reculé quelque ver dodu.

Dans le second cas, il frappe deux ou trois coups bien appliqués pour ébranler les écorces sèches et effrayer les insectes qu'elles abritent. Aussitôt la population déménage, qui d'ici, qui de là, vers le point opposé du tronc ; mais le pic, au courant de l'affaire, exécute un rapide demi-tour et se porte de l'autre côté pour gober les fuyards.

La vie des pics se passe donc à circuler autour des arbres pour ébranler du bec les vieilles écorces, abri des insectes, et pour sonder toutes les fissures avec leur langue pointue, s'allongeant comme un ver. Ces oiseaux inspectent surtout les arbres maladifs, taraudés par la vermine, et leur opèrent de salutaires sondages dans les points ulcérés.

Les *Hirondelles* et les *Martinets* se livrent à la grande chasse aérienne, poursuivant au vol, dans les plaines de l'air, moucherons, teignes, cousins, scarabées. Il leur faut un bec court mais très largement ouvert, qui happe sûrement les moucherons au passage, malgré les incertitudes d'un élan non toujours maîtrisé, un bec où la proie s'engouffre toute seule sans que l'oiseau ralentisse un instant son essor, enfin un bec visqueux à l'intérieur et tel qu'un petit papillon ne puisse l'effleurer de son aile sans rester pris à la glu.

Mais il leur faut avant tout des ailes infatigables, rapides, que ne lasse pas la fuite désespérée d'un gibier lancé à toute vitesse, que ne surprenne pas l'essor tortueux d'un moucheron aux abois. Bec démesurément fendu, ailes excessives, tel doit être en résumé l'oiseau des grandes chasses aériennes.

Ces conditions sont remplies au plus haut degré par l'hirondelle et le martinet. L'un et l'autre chassent les insectes volants, ils les poursuivent en des allées et des venues sans fin, croisées et recroisées de mille façons; ils les gobent dans leur large gosier visqueux et passent outre sans un instant d'arrêt.

L'hirondelle.

Parlons un peu du *Moineau*. Il n'est pas sans défauts : il maraude dans les colombiers et les basses-cours; il moissonne avant nous dans les champs de céréales; il dévalise les cerisiers, il picore dans les jardins, il se rafraîchit avec les jeunes laitues et les premières feuilles des petits pois. Mais vienne la saison des œufs, et l'effronté pillard se convertit en un auxiliaire comme il y en a peu.

Vingt fois par heure au moins, le père et la mère, tour à tour, apportent la becquée aux petits, et chaque fois le menu se compose tantôt d'une chenille, tantôt d'un insecte assez gros pour exiger d'être partagé en quartiers, tantôt d'un ver dodu, d'une sauterelle ou d'autre gibier encore. En une semaine, la nichée consomme environ trois mille insectes, larves, chenilles, vermisseaux de toute espèce.

On a compté autour d'un seul nid de moineau les débris de sept cents hannetons, non compris les petits insectes vraiment innombrables. Voilà les victuailles qu'il

a fallu pour élever une seule couvée. Paix donc, enfants,
à tous les nids, paix à tous les petits oiseaux, qui nous
délivrent du ravageur, l'insecte.

XV

LE DINDON. — LA PINTADE. — L'OIE
LE CANARD

1. Le Dindon. — Des oiseaux de nos basses-cours,
le dindon est le plus remarquable, exception faite du
paon, uniquement élevé pour l'incomparable richesse de
son plumage. Il a la tête et le cou recouverts d'une peau
unie et bleuâtre, chargée en arrière de mamelons blancs
et en avant de mamelons rouges, qui se gonflent et re-
tombent en grosse pendeloques, semblables, pour la
couleur, à de la cire d'Espagne. Sur le bec lui descend une mèche charnue, courte et ridée quand l'oiseau est tranquille, longuement pendante et vivement
colorée quand l'animal veut faire valoir sa parure. Au
centre de la poitrine est appendue une rude touffe de
crins.

Pour faire le beau, il se rengorge, gonfle ses pendeloques rouges, allonge la mèche charnue du bec, rejette
la tête en arrière, étale en roue les plumes de la queue et
laisse traîner à terre le bout des ailes à demi épanouies.
Dans cette posture grotesquement superbe, il tourne avec
lenteur pour se faire admirer sous tous ses aspects; de
temps à autre, un bruit sourd, *puf, puf,* qu'accompagne
une sorte de détente convulsive des ailes, est le signe de
sa haute satisfaction. Si quelque bruit, un coup de sifflet
surtout, vient à l'inquiéter, il replie ses atours, et, allongeant le cou, jette à la hâte un *glou, glou, glou,* qui
semble expectoré du fond de l'estomac.

Cet oiseau est une récente acquisition. Il nous est venu,

dans le seizième siècle, des forêts des États-Unis de l'Amérique du Nord, où il vivait et vit encore aujourd'hui à l'état sauvage. Comme l'on donne à l'Amérique la dénomination d'Indes occidentales par opposition aux Indes de l'Asie, ou Indes orientales, l'oiseau originaire des forêts du nouveau monde fut appelé coq d'Inde et poule d'Inde; d'où l'on a fait, en abrégeant, dindon et dinde. Longtemps ce fut un oiseau peu répandu, que l'on conservait comme une précieuse rareté. Le premier qui parut sur la table fut servi, dit-on, au repas de noces de Charles IX.

2. **Mœurs du Dindon sauvage.** — Vers le commencement d'octobre, nous raconte Audubon, les dindons sauvages s'attroupent par sociétés d'une centaine et se mettent en marche vers les riches vallées de l'Ohio et du Mississipi. Si quelque rivière leur barre le passage, ils gagnent les éminences des environs et y demeurent tout un jour, quelquefois deux, comme pour délibérer. Avec d'interminables *glou glou*, ils s'agitent, se pavanent, font la roue, pour élever leur courage au niveau d'une si périlleuse aventure. Les mères, entourées de leur jeune famille, se tiennent à l'écart. Elles s'abandonnent à des élans emphatiques, à des sauts extravagants; ou bien, la queue étalée, elles tournent avec un bruit sourd autour l'une de l'autre.

Le dindon.

Enfin la décision est prise : la bande entière monte au sommet des plus hauts arbres; le chef de file donne le signal, *cluck*, et tous s'envolent vers la rive opposée. Les vieux, les forts l'atteignent aisément, la rivière eût-elle mille ou deux mille mètres de largeur; mais les jeunes et les moins robustes tombent fréquemment à l'eau. Ils ramènent alors les ailes près du corps, étalent la queue pour se soutenir, et, détachant à droite et à gauche de vigoureux coups de pattes, nagent rapidement vers le bord. Ayant pris terre, ils courent follement çà et là en désordre pour se sécher.

De leurs nombreux ennemis, les plus formidables, après l'homme, sont le hibou des neiges et le grand-duc de Virginie. Pour passer la nuit, les dindons perchent habituellement en société, sur les branches nues; aussi sont-ils aisément découverts par leurs ennemis les hiboux, qui, sur leurs ailes silencieuses, s'approchent et voltigent autour d'eux, choisissant leur proie du regard. Heureusement tous ne dorment pas, et à un simple *cluck* de celui qui veille, toute la bande est avertie de la présence du ravisseur. A l'instant, ils sont debout, attentifs aux évolutions du hibou, qui, son choix fait, fond comme un trait sur l'oiseau. Infailliblement il s'en emparerait si le dindon, baissant la tête, n'étalait aussitôt sur son dos sa queue renversée. Alors l'assaillant, ne rencontrant sous

La pintade.

sa griffe qu'un plan incliné de robustes plumes, glisse sans faire de mal au dindon; et celui-ci, sautant à terre, en est quitte pour un peu de désordre dans son plumage.

3. **La Pintade.** — La pintade nous est venue de l'Afrique. Ses taches blanches, semées sur le fond gris bleu du plumage, sont si bien arrondies et si régulièrement disposées, qu'on les dirait tracées au pinceau par un peintre. L'oiseau semble peint, de là son nom.

La pintade a les formes arrondies. Son aile courte, sa queue pendante et la disposition générale des plumes du dos, lui donnent une apparence bossue. Le cou est fluet. Imitant en cela son compatriote le chameau, la pintade le redresse et l'allonge, quand elle fuit à la hâte, pareille à une boule qui roule.

La tête est petite et en partie dépourvue de plumes, à la manière de celle du dindon. Deux barbillons teintés de rouge et de bleu, pendent à la base du bec. Le haut du crâne est défendu par une peau sèche, se relevant en forme de casque, qui n'est peut-être pas sans utilité lorsque, dans leur humeur batailleuse, les pintades s'escriment à se fendre mutuellement la tête à coups de bec. Les œufs, excellents et nombreux, la chair, de qualité supérieure, recommandent cet oiseau à notre attention ; malheureusement, la pintade a l'humeur errante, le caractère querelleur et un cri continuel et discordant difficile à supporter.

4. **L'Oie.** — L'oie domestique a pour origine l'oie sauvage, oiseau voyageur que nous voyons passer deux fois par an, aux approches de l'hiver, pour se rendre vers le Sud, et au retour de la belle saison pour se rendre vers le Nord. Si la troupe est peu nombreuse, les oiseaux qui la composent se rangent sur une seule file ; si la bande est nombreuse, deux files égales sont formées et se rejoignent en un angle aigu, qui s'avance, la pointe la première, pour s'enfoncer avec la moindre fatigue dans la masse de l'air.

L'oie.

Le vol des oies en voyage est ordinairement très élevé ; la bande ne se rapproche de terre que par les temps brumeux. Si, alors, quelque métairie se trouve à proximité, il arrive parfois que des coups de clairon retentissants se répondent du ciel à la terre et de la terre au ciel. Ce sont les oies de passage et les oies domestiques qui échangent des pourparlers. Les voyageuses engagent les captives à venir les rejoindre, pour le pèlerinage printanier aux terres du Nord. La proposition met la basse-cour en émoi, tant le vieil instinct se ranime. Les oies de la ferme s'agitent, trompettent, se battent les flancs de leurs grandes ailes ; mais l'embonpoint de la captivité arrête leur essor.

Avant que l'Amérique nous eût donné le dindon, l'oie était recherchée pour sa chair, qui ne manque pas de mérite, quoique inférieure à celle de l'oiseau du nouveau monde. L'oie à la broche était la pièce d'honneur dans les grands repas de famille. Aujourd'hui que le dindon l'a supplantée dans les solennités de table, elle est élevée principalement en vue de sa graisse, très fine, savoureuse et rivalisant de services avec le beurre. Quant à sa chair, mise au second rang et regardée comme produit accessoire, elle est salée et conservée ainsi que cela se pratique pour la viande de porc.

La région qui pour centre a Toulouse est la plus renommée en ce genre d'industrie. On y élève par grands troupeaux une race d'oies, remarquable par sa forte taille et sa prédisposition à l'embonpoint. La poche à graisse qui lui pend sous le ventre traîne jusqu'à terre et devient assez lourde pour gêner la marche de l'animal. Le plumage est gris foncé, relevé de traits bruns ou noirs ; le bec est orangé et les pattes couleur de chair.

Le canard.

5. **Le Canard.** — Le canard sauvage, souche de notre canard domestique, est un superbe oiseau, du moins le mâle, car la femelle est de costume moins riche, ainsi que cela se remarque du reste dans les autres oiseaux. La tête et le haut du cou sont d'un vert émeraude, à reflets éclatants comme ceux des métaux polis ; au-dessous règne un collier blanc, qui, par sa coloration mate, contraste avec le feu des teintes voisines. Le pourpre bruni s'étend de la base du cou sur la poitrine, d'où il dégénère graduellement en gris sur les flancs et le ventre. Le vert changeant mélangé de noir colore la région de la queue, d'où s'élèvent, frisées en un crochet, quatre petites plumes. Au centre des ailes, une bande

de magnifique azur est encadrée d'abord de bleu velouté, puis de blanc. Enfin le bec est d'un vert jaunâtre, les pieds sont orangés.

Tel est le canard à l'état libre, et tel il est encore fréquemment en domesticité, malgré les nombreuses variations de plumage que la servitude lui a fait subir. Le canard sauvage a l'aile vigoureuse et l'amour passionné des voyages. Aussi le trouve-t-on à peu près partout; mais il ne séjourne longtemps nulle part, si ce n'est dans les régions les plus septentrionales: la Laponie, le Spitzberg, la Sibérie, dont il affectionne les solitudes pour nicher et passer la belle saison. Deux fois dans l'année, il est de passage chez nous : au printemps, lorsqu'il remonte vers le Nord; en automne, lorsqu'il revient du pôle et va, jusqu'en Afrique, prendre ses quartiers d'hiver en des pays plus chauds.

Par un ciel gris de novembre, alors que la neige menace, il n'est pas rare de voir passer du nord au sud, à une grande élévation, des oiseaux voyageurs rangés à la file l'un de l'autre sur deux lignes qui se rejoignent en pointe, à la manière des deux branches d'un V. C'est une bande de canards en émigration. Ils fuient les approches du froid, et vont, en des climats plus doux, peut-être par delà la mer, trouver une nourriture assurée dans des eaux qui ne gèlent point.

XVI

LA VIPÈRE ET LA COULEUVRE

1. **La Vipère.** — Parlons un peu des serpents, et surtout de ceux de nos pays, la *Vipère* et la *Couleuvre*.

Tous les serpents dardent entre leurs lèvres, avec une extrême vélocité, un filament noir, très flexible et fourchu. Pour beaucoup de personnes, c'est l'arme du reptile, le dard, comme l'on dit; mais, en réalité, ce filament n'est autre chose que la langue, langue tout à fait inoffensive, dont la bête se sert pour happer les insectes dont elle se nourrit et pour exprimer à sa manière les passions qui l'agitent en la passant rapidement entre les lèvres. Tous les serpents, sans exception, en ont une; mais, dans nos contrées, la vipère seule possède le terrible appareil à venin.

La vipère.

Cet appareil se compose d'abord de deux crochets ou dents longues et aiguës placées à la mâchoire supérieure. Ces crochets sont mobiles. A la volonté de l'animal, ils se dressent pour l'attaque ou se couchent dans une rainure de la gencive, et s'y tiennent inoffensifs comme un stylet dans un fourreau. De la sorte, le reptile ne court pas le risque de se blesser lui-même. Ils sont creux et percés vers la pointe d'une fine ouverture par laquelle le venin se déverse dans la plaie.

Enfin, à la base de chaque crochet se trouve une petite poche pleine de liquide venimeux.

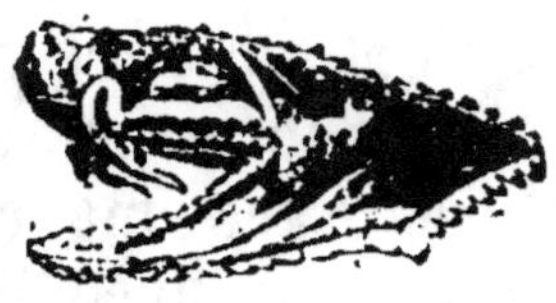

Appareil venimeux de la vipère.

C'est une humeur d'innocent aspect, sans odeur, sans saveur; on dirait presque de l'eau. Quand la vipère frappe de ses crochets, la poche à venin chasse une goutte de son contenu dans le canal de la dent, et le terrible liquide s'infiltre dans la blessure.

La vipère habite de préférence les collines chaudes et rocailleuses; elle se tient sous les pierres et dans les fourrés de broussailles. Sa couleur est brune ou roussâtre. Elle a sur le dos une bande sombre en zig-zag, et sur chaque flanc une rangée de taches. Son ventre est d'un gris d'ardoise. Sa tête est un peu triangulaire, plus large que le cou, obtuse et comme tronquée en avant. La vipère est timide et peureuse, elle n'attaque l'homme

que pour sa défense. Ses mouvements sont brusques,
irréguliers, pesants.

Supposons que quelque imprudent vienne à troubler
le redoutable reptile sommeillant au soleil. Soudain
l'animal se déroule en cercles superposés, se débande
avec la brusquerie d'un ressort, et, de sa gueule largement ouverte, vous frappe à la main. C'est l'affaire d'un
clin d'œil. Avec la même rapidité, la vipère replie sa
spirale et se retire, continuant à vous menacer de la
tête, placée au centre de l'enroulement.

Vous n'attendez pas une seconde attaque, vous fuyez;
mais, hélas! le mal est fait. Sur la main blessée, deux
petits points rouges se voient, presque insignifiants,
vraies piqûres d'aiguille. Ce n'est pas bien alarmant;
vous vous rassurez si vous êtes dans l'ignorance de
choses qu'il est si important de vous apprendre.

Innocuité trompeuse! Voici que les points rouges s'entourent d'un cercle livide. Avec de sourdes douleurs, la
main s'enfle, et, de proche en proche, le bras. Bientôt
des sueurs froides et des nausées surviennent; la respiration se fait pénible, la vue se trouble, l'intelligence
s'obscurcit, une jaunisse générale se déclare, accompagnée de convulsions. Si l'on n'est pas secouru à temps,
la mort peut arriver.

Tous les animaux venimeux agissent de la même manière. Avec une arme spéciale, aiguillon, croc, dard,
lancette, placée tantôt en un point du corps, tantôt en
un autre suivant l'espèce, ils font une légère blessure
dans laquelle s'infiltre une goutte de venin. L'arme n'a
d'autre effet que d'ouvrir une route au liquide venimeux,
et c'est celui-ci qui provoque les ravages. La guêpe et
l'abeille ont leur dard venimeux situé au bout du ventre;
le scorpion a le sien à l'extrémité de la queue.

Voyons en passant comment agissent les armes veni-
meuses de l'abeille et de la guêpe; nous comprendrons
mieux après comment agissent les crochets de la vipère.
Quand on se pique légèrement avec une aiguille très
fine, le mal est bien peu de chose et passe presque aus-

sitôt. Eh bien, cette piqûre d'aiguille, insignifiante par elle-même, peut donner lieu à de très vives douleurs si la petite plaie est empoisonnée avec du venin d'abeille ou de guêpe.

Supposons la pointe de cette aiguille trempée dans la poche à venin d'une guêpe; et de cette pointe ainsi humectée de liquide venimeux faisons-nous une légère piqûre. La douleur est maintenant de longue durée, et très forte, insupportable. C'est donc l'introduction du venin dans la blessure qui est cause de tout le mal.

Pour que le venin de n'importe quel animal agisse en nous, il faut qu'il soit mis en contact avec notre sang, par une blessure qui lui ouvre le chemin. Mais il ne produit absolument rien sur la peau, à moins qu'il n'y ait déjà une entaille, une simple égratignure qui lui permette de s'infiltrer dans les chairs et de se mélanger avec le sang. Le venin le plus terrible peut être manié sans péril aucun, si la peau ne présente pas d'écorchure.

Bien plus, on peut le mettre sur les lèvres, sur la langue, l'avaler même sans qu'il en résulte rien de fâcheux. Déposé sur les lèvres, le venin de la guêpe ne produit pas plus d'effet que l'eau claire; mais la douleur est atroce s'il vient à toucher la moindre écorchure. Le venin de la vipère est tout aussi inoffensif tant qu'il ne peut se mélanger avec le sang.

Dieu vous garde, mes enfants, d'être jamais mordu par une vipère ! Mais enfin, si ce malheur vous arrivait, vous saurez du moins ce qu'il convient de faire. Il faudrait serrer, lier même fortement le doigt, la main, le bras, au-dessus de la partie blessée pour entraver la diffusion du venin dans le sang; il faudrait faire saigner la plaie en exerçant des pressions tout autour; il faudrait la sucer énergiquement pour en extraire le liquide venimeux. Je viens de vous le dire : le venin n'agit pas sur la peau. La succion est donc sans danger aucun si la bouche n'a pas d'écorchure.

Il est visible que si, par une succion énergique et par

une pression qui fait écouler le sang, on parvient à extraire tout le venin de la plaie, la blessure est désormais sans gravité. Le succès est mieux assuré si, avec la pointe d'un canif, on élargit un peu la petite plaie pour rendre l'extraction du venin plus facile. Tout cela doit se faire à l'instant même ; plus on tarde, plus le mal s'aggrave. Avec un lambeau de son mouchoir, on pratique une solide ligature, on élargit un peu la plaie avec la pointe du canif, on presse tout autour, on suce, on crache, on suce encore.

Plus tard, le médecin, pour plus de sûreté, pourra cautériser la plaie avec un liquide corrosif, ou même avec une aiguille chauffée au rouge. Mais les précautions préliminaires sont notre affaire personnelle, et nous ne devons pas les différer d'un instant. Quand ces précautions sont prises assez tôt, il est rare que la piqûre d'une vipère ait des conséquences fâcheuses.

La couleuvre à collier.

2. La Couleuvre. — Les autres serpents de nos pays portent le nom général de *Couleuvres*. Aucun d'eux n'est venimeux, aucun n'a les crochets à venin de la vipère. Leurs dents sont égales, fines, sans force, bonnes pour retenir la proie saisie, mais insuffisantes pour produire une sérieuse blessure. Ces animaux sont d'ailleurs très craintifs ; à la moindre alerte, ils se hâtent de fuir.

Si la retraite leur est impossible, ils font bonne contenance pour en imposer à l'ennemi ; ils se roulent en spirale, dressent la tête, la balancent, soufflent et cherchent à mordre. Il n'y a pas lieu de s'effrayer de ces menaces ; une égratignure sans gravité, pareille à quelques légers coups d'épingle, c'est tout ce qui peut nous arriver de pire. En mettant la main dans un buisson, on est blessé plus grièvement par les épines.

Les enfants croient faire œuvre méritoire en lapidant la couleuvre trouvée dans un trou de mur ; le passant l'assomme de son bâton, s'il la rencontre traversant la route ; le faucheur, au milieu des herbes, lui tranche la tête d'un coup de faux. S'ils n'écoutaient pas une folle frayeur, une aversion non raisonnée, ils laisseraient la bête en paix et les choses n'en iraient pas plus mal, car les couleuvres, non seulement sont inoffensives, mais encore nous rendent d'excellents services en détruisant, pour s'en nourrir, une foule d'insectes et de petits dévastateurs tels que les rats des champs.

La plus élégante pour la coloration est la *Couleuvre à collier*, ainsi nommée à cause d'une tache d'un jaune pâle ou blanchâtre qui lui forme un demi-collier derrière la nuque. Le dessus du corps est d'un gris cendré, marqueté de chaque côté de taches noires irrégulières ; le dessous est varié de noir, de blanc et de bleuâtre. Cette couleuvre se plaît dans les lieux humides.

XVII

LA GRENOUILLE ET LE CRAPAUD

1. Têtards. — De même que le papillon est d'abord une chenille et le hanneton un gros ver pansu, chenille et ver si différents de forme, de structure, de manière de vivre avec le papillon et le hanneton ; de même la grenouille et le crapaud débutent par être *Têtards*, qui n'ont rien de la structure et des mœurs finales.

Têtard ou grosse tête, voilà bien le mot convenable pour désigner l'état passager de la grenouille et du crapaud. Une tête volumineuse, confondue avec le ventre rebondi que termine brusquement une queue plate, telle est la bête en ses débuts, au sortir de l'œuf. Aucun membre, aucun organe de mouvement, si ce n'est la queue, qui fouette l'eau pour avancer.

Les têtards du crapaud sont petits et tout noirs ; ceux

de la grenouille sont beaucoup plus gros, argentés sous le ventre, grisâtres sur le dos. Tous habitent les eaux dormantes, les mares chauffées par le soleil. A ceux du crapaud, il faut des flaques peu profondes, des ornières avec quelques pouces d'eau pluviale, où ils puissent venir, en noires rangées, s'étendre à plat ventre sur la tiède vase des bords; à ceux des grenouilles il faut de préférence des mares spacieuses, fournies d'une végétation touffue, et propice aux grands plongeons.

Chenille du papillon du chou et sa chrysalide.

Ils respirent l'air dissous dans l'eau comme le font les poissons; et comme eux encore, ils périssent s'ils restent un peu de temps exposés hors de l'eau. Sous le rapport de la respiration, ce sont alors de vrais poissons. Mais, parvenus à leur forme dernière, ils respirent l'air atmosphérique et périssent suffoqués dans l'eau. Ils ont alors la respiration des animaux aériens.

Vous avez vu très souvent des grenouilles et des crapauds dans l'eau, et vous vous figurez sans doute qu'ils peuvent y vivre indéfiniment. Détrompez-vous : ils ne vont à l'eau que pour déposer leurs œufs, pour se soustraire à un danger, pour prendre un bain en temps de fortes chaleurs ; mais ils ne sauraient

Papillon du chou.

y séjourner longtemps sans périr. Il faut qu'ils viennent par intervalles humer l'air à la surface, respirer, en mettant dehors au moins l'orifice des narines. S'ils sont de force maintenus sous l'eau, ils périssent.

Relativement aux fonctions fondamentales de la vie,

voilà une première différence bien profonde entre le têtard et le batracien adulte, entre l'animal tel qu'il sort de l'œuf, et l'animal parfait : le têtard vit dans l'eau et périt dans l'air ; la grenouille, qui en provient, vit dans l'air et périt dans l'eau.

Il y a plus. Le têtard se nourrit exclusivement de matières végétales ; il a la bouche armée d'une sorte de petit bec de corne pour brouter les feuilles aquatiques ; il a dans son gros ventre un intestin très long, enroulé plusieurs fois sur lui-même, pour prolonger le séjour de la maigre nourriture dans la panse et en extraire les sucs avares.

Le batracien adulte échange ce bec de corne pour de véritables mâchoi-res, armées de ru-gosités faisant of-fice de dents ; il se nourrit unique-ment de matières animales, d'insec-

Têtards.

tes surtout ; il a l'intestin court, parce que les substances dont il s'alimente sont de digestion aisée, et cèdent fa-cilement ce qu'elles contiennent de nutritif.

Pour faire du têtard grenouille ou crapaud, la *méta-morphose* (ainsi s'appelle le changement de forme d'un animal) ne se borne pas à changer de fond en comble les organes qui respirent et ceux qui digèrent. D'autres organes naissent, dont l'animal, sortant de l'œuf, n'avait pas le moindre vestige ; d'autres disparaissent sans laisser de trace.

Le têtard naît absolument sans pattes. Au bout de quelque temps, les pattes postérieures lui poussent, plus tard viennent les pattes antérieures ; plus tard encore la queue disparaît. Mais alors le têtard est devenu petit crapaud ou petite grenouille, sautillant au bord de la mare natale.

2. **La Grenouille.** — Les grenouilles ont des formes élancées et qui ne manquent pas d'une certaine élégance

Leurs pattes postérieures sont très longues et fortes, éminemment propres au bond, principal mode de progression de ces animaux. Ramassée sur elle-même, la grenouille se détend à la façon d'un ressort, et se projette en avant par un vigoureux élan des cuisses.

Les doigts de derrière sont largement palmés, c'est-à-dire réunis par une membrane comme le sont les doigts des oiseaux nageurs, du canard en particulier. Cette disposition des doigts en palette ou rame à grande surface et d'autre part la souplesse des membres postérieurs, qui se rassemblent contre les flancs, puis s'allongent en choquant l'eau, font de la grenouille un habile nageur.

La grenouille.

3. La Rainette. — Les *Rainettes* diffèrent des grenouilles par les pelotes visqueuses qui terminent leurs doigts et leur permettent de grimper sur les arbres, où elles font une chasse assidue aux insectes. Elles se tiennent toute la belle saison dans la feuillée et ne vont à l'eau que pour pondre. Leur voix, renforcée par une poche qui se gonfle sous la gorge, est très rauque et volumineuse. La rainette de nos pays est d'un beau vert tendre en dessus et blanc jaunâtre en dessous.

Le crapaud.

4. Le Crapaud. — Que vous dirais-je du *Crapaud?* Il est laid. Son corps mollasse est un amas comme pétri au hasard; son dos aplati, sale de couleur, est parsemé de verrues livides. Il est laid. Les pattes trop courtes ne peuvent soulever au-dessus de la vase son ventre boursouflé, qui traîne honteusement.

Il est laid. Sa large tête se fend en une gueule hideuse; des paupières gonflées surmontent de gros yeux saillants, qui révoltent par leur bestiale fixité. Il est laid. Si quelque danger le menace, il se gonfle et se fait sous la peau un matelas d'air, qui résiste aux coups par sa flasque élasticité.

Voilà probablement, mes amis, les idées que vous vous faites du crapaud. Toutes vos appréciations se résument en ceci : il est laid. — Laid tant que vous le voudrez ; mais toujours est-il que le crapaud se recommande à notre attention par de sérieux mérites. C'est un auxiliaire de grande valeur, un glouton mangeur de cloportes, de limaces, de scarabées, de larves et de toute vermine.

Discrètement retiré le jour sous la fraîcheur d'une pierre, dans quelque trou obscur, il quitte sa retraite à la tombée de la nuit pour s'en aller faire sa ronde en se traînant, cahin-caha, sur son gros ventre. Voici une limace qui se hâte vers les laitues, voici une courtilière qui bruit sur le seuil de son terrier, voici un hanneton qui met ses œufs en terre. Le crapaud vient tout doucement, il ouvre sa gueule semblable à l'entrée d'un four, et en trois bouchées les engloutit tous les trois avec un claquement de gosier, signe de satisfaction. Ah ! que c'est bon, que c'est donc bon ! A d'autres ! s'il y en a.

La ronde continue. Quand

La limace.

elle est finie, au petit jour, je vous laisse à penser ce que doit contenir en vermine de toute sorte le spacieux ventre du glouton. Et l'on détruit la précieuse bête, on la tue à coups de pierre sous prétexte de laideur ! — Enfants, vous ne commettrez jamais pareille cruauté, sottement nuisible ; vous ne lapiderez pas le crapaud, car vous priveriez les champs d'un vigilant gardien.

Laissez-le faire en paix son métier ; il détruira tant d'insectes et de vers, que vous finirez par le trouver moins laid.

XVIII

LES POISSONS

Tous les animaux ont besoin d'air pour vivre, tous respirent, même ceux qui vivent continuellement dans l'eau, les poissons par exemple. L'eau ordinaire, l'eau courante surtout, contient un peu d'air dissous. Il suffit de la chauffer pour voir cet air se dégager en petites bulles, même avant que l'ébullition se fasse. Cet air dissous est précisément ce que respirent les poissons et autres animaux aquatiques.

Considérez un poisson dans l'eau : vous lui verrez faire de continuels mouvements de bouche, comme pour avaler. C'est sa manière de respirer. L'eau qui pénètre dans la bouche sort immédiatement après par deux larges ouvertures situées de chaque côté de

Le hareng.

la tête et recouvertes par une ample lame osseuse, par une sorte de couvercle ou *opercule*, qui s'ouvre légèrement, puis se referme tour à tour.

Ces ouvertures se nomment *ouïes*, parce qu'elles occupent à peu près la place des oreilles ou organes de l'ouïe chez les autres animaux vertébrés; mais, malgré leur dénomination, elles n'ont rien de commun avec les oreilles véritables : ce n'est pas du tout par là que le poisson entend.

Soulevons le couvercle. Nous verrons en dessous quatre pièces superposées et composées chacune de lamelles très fines, d'un beau rouge, rangées à côté les unes des autres comme les dents d'un peigne. Ces pièces-là se nomment *branchies*. Elles sont pour le poisson ce que les poumons sont pour l'homme, et pour les divers animaux dont les organes de la respiration se rapprochent le plus des nôtres.

Si le poisson continuellement avale par petites gorgées, c'est pour maintenir sans cesse autour des branchies un courant d'eau pure, qui apporte avec elle de l'air respirable. S'il n'y avait pas d'air dissous dans l'eau, le poisson périrait, de même que périt un oiseau ou tout autre animal privé d'air respirable. L'expérience en est facile à faire, et je vous conseille de ne pas la négliger à la première occasion.

Chauffons de l'eau jusqu'à la faire bouillir. L'air dissous s'en ira, chassé par la chaleur. Une fois l'air parti, laissons l'eau se refroidir et reprendre sa première température. Plongeons-y alors un petit poisson vivant. En peu d'instants, quelques chocs désordonnés de la queue dénoteront l'agonie ; le poisson viendra flotter à la surface, le ventre en l'air ; il sera mort, ne trouvant pas à respirer.

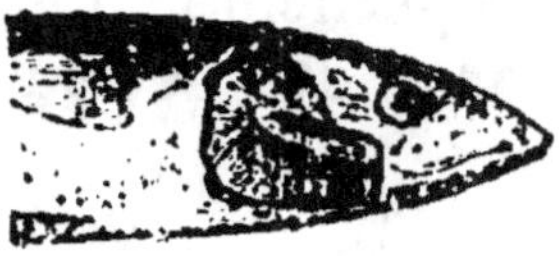

Tête de hareng dont un opercule est enlevé pour montrer les branchies.

Pour se mouvoir, les poissons ont des *nageoires*, espèces de larges rames formées de fines baguettes osseuses qu'une membrane relie. Derrière chaque ouïe, il y en a une. Cette paire de nageoires représente les membres antérieurs des autres animaux vertébrés et prend le nom de *nageoires pectorales*. Une seconde paire, située sous le ventre, plus ou moins en arrière, représente les membres postérieurs et porte le nom de *nageoires ventrales*. En outre, il y a des nageoires, mais seules et non disposées par paires, sur le dos, à la naissance et au bout de la queue.

Celle du bout de la queue, ou *nageoire caudale*, est la plus forte de toutes. Des chocs rapides, distribués à droite et à gauche par la nageoire caudale, font progresser le poisson comme progresse une barque manœuvrée à l'arrière par un seul aviron. Les autres ont pour principal usage de maintenir le poisson en équilibre dans l'eau, de l'empêcher de chavirer.

Il y a des poissons d'eau douce qui vivent en prospérité dans les ruisseaux, les rivières, les fleuves, les lacs, et rapidement périraient dans les eaux salées de la mer. De ce nombre sont : le goujon, la carpe, la truite, le brochet, la tanche. D'autres, au contraire, vivent dans la mer et ne peuvent le faire dans les eaux douces. Parmi ces derniers se trouvent : l'anchois, la sardine, la

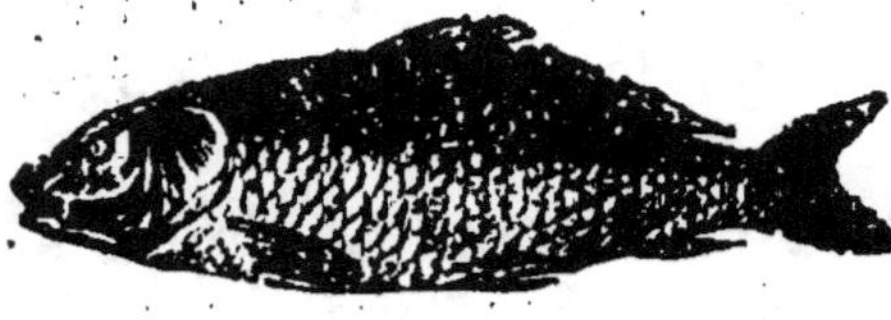

La carpe.

morue, d'un si grand emploi, à l'état salé, pour notre nourriture. Disons quelques mots de la plus importante de ces salaisons, la morue.

Au sein des mers, la morue est un superbe poisson. Pour la conserver et en faire provision de longue durée, les pêcheurs lui enlèvent la tête, de trop peu de valeur à cause des os; puis ils fendent le corps tout le long du

La truite.

ventre, rejettent les entrailles, et étalent les deux moitiés charnues, dont l'ensemble forme une plaque large d'un bout et amincie de l'autre. Enfin ils salent fortement leur pêche et la dessèchent au so-

leil. La morue nous arrive donc toute déformée et presque méconnaissable.

C'est néanmoins un poisson de toute beauté. Le dos et les flancs sont d'un gris bleuâtre, avec de nombreuses

Le brochet.

mouchetures d'un rouge doré, semblables à celles dont la truite est ornée dans nos ruisseaux d'eau vive. Le ventre est d'un blanc d'argent. De la mâchoire inférieure pend un barbillon en forme de ver.

La bouche est armée d'une multitude de dents fines et pointues, qui hérissent non seulement les mâchoire mais aussi les chairs jusque tout au fond du gosier. Aussi la morue est-elle des plus voraces, toujours en quête de nourriture, insatiable dans son appétit. Elle se nourrit d'autres poissons, plus faibles qu'elle. C'est le plus redoutable ennemi du menu fretin, dont elle fait consommation énorme.

A certaines époques de l'année, les morues s'assemblent en troupes innombrables et accomplissent de longs voyages pour déposer leurs œufs aux lieux propices. L'un des rendez-vous favoris de ces bandes de morues est le voisinage de Terre-Neuve, grande île des mers qui baignent les côtes orientales de l'Amérique du Nord. Là se rendent, dans la belle saison, attirées par une abondante pâture, des millions et des millions de morues; là se rendent aussi des pêcheurs de toutes les nations.

Ce n'est plus ici la mesquine pêche que nous voyons pratiquer au bord de nos rivières; on n'attend pas des heures, sous l'ombrage d'un saule, qu'un mauvais carpillon vienne mordre l'hameçon amorcé

La morue.

d'un ver, trop heureux encore quand on s'en revient avec une douzaine de menus poissons couchés sur un lit de jonc au fond d'un panier. La pêche, à Terre-Neuve, est autrement rapide et fructueuse. Il y a là des flottes entières et des armées de pêcheurs.

Dès la pointe du jour, les canots quittent le navire et vont prendre place, qui d'un côté, qui de l'autre, aux endroits favorables. De droite et de gauche de l'embarcation pendent des lignes, solides cordons de chanvre dont l'extrémité porte un croc de fer ou hameçon, recouvert d'un appât, consistant soit en un petit poisson, soit en un lambeau d'entrailles des morues prises la veille. Les voraces morues accourent à la vue de ces victuailles, et gloutonnement, en une fois, avalent tout, croc et appât. Le pêcheur retire à lui le cordon, et la capture suit, le gosier transpercé par l'hameçon.

A peine la ligne, de nouveau amorcée, est-elle rejetée à l'eau, qu'une autre morue est prise. Des deux côtés de l'embarcation, chaque homme surveille ses lignes et ne discontinue pas de renouveler l'appât, de lancer son cordon en mer et de le retirer avec une morue au bout. Le soir venu, le canot est plein jusqu'aux bords de grands et beaux poissons ayant en moyenne un poids de 7 à 8 kilogrammes.

Remplies jusqu'à couler, les embarcations regagnent leurs navires respectifs. Là se fait la préparation des poissons. Avec un large coutelas, un pêcheur tranche la tête; un autre fend en long, suivant la ligne du ventre, les morues décapitées; un troisième extrait les entrailles, en ayant soin de mettre à part le foie; un quatrième les aplatit; un cinquième les frotte abondamment de sel et les empile.

Des foies recueillis on remplit un tonneau qu'on laisse exposé à l'air. Bientôt la pourriture gagne la masse, et il surnage une graisse liquide que l'on nomme *huile de foie de morue*. Cette huile est soigneusement recueillie, car elle est d'un grand secours en médecine.

XIX

LE VER A SOIE

1. **Le Ver à soie.** — Une chenille d'un blanc cendré, de la grosseur du petit doigt, est élevée en grand pour son cocon, avec lequel se font les étoffes de soie. On l'appelle *Ver à soie*.

Dans des chambres bien propres, sont disposées des claies de roseau, sur lesquelles on met de la feuille de mûrier et les jeunes chenilles provenant des œufs éclos en domesticité. Le mûrier est un grand arbre cultivé exprès pour nourrir les chenilles; il n'a de valeur que par ses feuilles, seule nourriture des vers à soie. On consacre à sa culture de grandes étendues, tant le travail du ver est chose précieuse.

Les chenilles mangent la ration de feuilles, renouvelée fréquemment sur les claies, et changent à diverses reprises de peau à mesure qu'elles se font grandes. Leur appétit est tel, que le cliquetis des mâchoires, broutant à petites bouchées, ressemble au bruit d'une fine averse tombant, par un temps calme, sur le feuillage des arbres. Il est vrai que la chambrée contient des milliers de vers.

2. **Le Cocon.**— En quatre à cinq semaines, la chenille acquiert tout son développement. On dispose alors sur

Le ver à soie : chenille, cocon, chrysalide et papillon.

les claies de la ramée de bruyère, où montent les vers à mesure que leur moment est venu de filer le cocon. Ils s'établissent un à un entre quelques menus rameaux, et fixent çà et là une multitude de fils très fins, de fa... à former une espèce de réseau qui les maintient suspendus et doit leur servir d'échafaudage pour le grand travail du cocon.

Le fil de soie leur sort de la lèvre inférieure par un trou appelé *filière*. Dans le corps de la chenille, la matière à soie est un liquide très épais, visqueux, semblable à une forte dissolution de gomme ; elle est contenue dans deux petits sacs très longs et très étroits, entortillés sur eux-mêmes. En s'écoulant par l'orifice de la lèvre, ce liquide s'étire en fil, qui se colle aux fils précédents et durcit aussitôt.

La matière à soie n'est pas contenue telle quelle dans la feuille de mûrier que mange le ver, pas plus que le lait n'est contenu tel quel dans l'herbe que broute la vache. La chenille la produit avec les matériaux fournis par l'alimentation, comme la vache produit le lait avec la substance du fourrage. Sans l'aide de la chenille, l'homme ne pourrait jamais retirer des feuilles de mûrier la matière de ses tissus les plus précieux. Nos admirables étoffes de soie prennent réellement naissance dans le ver, qui les bave en un fil.

Revenons à la chenille suspendue au milieu de son lacis de fils. Maintenant elle travaille au cocon. Elle avance, elle recule, elle monte, elle descend, elle va de droite et de gauche, tout en laissant s'échapper de la lèvre un menu fil qui se fixe à distance autour de l'animal, se colle aux brins déjà placés, et finit par former une enveloppe continue, de la grosseur d'un œuf de pigeon.

L'édifice de soie est d'abord assez transparent pour permettre de voir travailler la chenille ; mais, en augmentant d'épaisseur, il dérobe bientôt aux regards ce qui se passe dedans. Ce qui suit se devine. La chenille, pendant trois à quatre jours, épaissit la paroi du cocon jusqu'à ce qu'elle ait épuisé ses provisions de liquide à soie. La voilà enfin retirée du monde, isolée, tranquille, recueillie pour le changement de forme qui va bientôt se faire.

3. **La Chrysalide.** — Une fois enclose dans son cocon, la chenille se flétrit et se ride, comme pour mourir. D'abord la peau se fend sur le dos ; puis, par des trémoussements répétés, qui tiraillent d'ici, qui tiraillent de là, le ver s'écorche douloureusement. Avec la peau tout vient : dure calotte de la tête, mâchoires, yeux et pattes. C'est un arrachement général. La guenille du vieux corps est enfin repoussée dans un coin du cocon.

Que trouve-t-on alors dans la cellule de soie ? On trouve

un corps en forme d'amande, arrondi par un bout, pointu à l'autre, de l'aspect du cuir et nommé *chrysalide*. C'est un état intermédiaire entre la primitive chenille et le papillon qui doit en résulter. On y voit certains reliefs qui déjà trahissent les formes de l'insecte futur. Au gros bout, on distingue les cornes et les ailes appliquées en écharpe. La chrysalide est l'insecte en voie de formation, le papillon étroitement emmailloté dans des langes, sous lesquels s'achève l'incompréhensible travail qui doit changer de fond en comble la structure première.

4. **La sortie du cocon.** — En une vingtaine de jours, si la température est propice, la chrysalide du ver à soie s'ouvre ainsi qu'un fruit mûr, et de sa coque fendue se dégage le papillon, tout chiffonné, tout humide, pouvant à peine se soutenir sur ses tremblantes jambes. Il lui faut le grand air pour prendre des forces, pour étaler et sécher ses ailes. Il lui faut sortir du cocon, mais comment s'y prendre? La chenille a fait le cocon très solide, et le faible papillon ne possède ni griffes, ni dents qui puissent forcer la prison.

Tête
de papillon.

Pour percer la coquille de son œuf, le poussin possède un durillon qui lui est venu exprès au bout du bec ; pour trouer la cellule de soie, le papillon a ses yeux. Les yeux des insectes sont recouverts d'une calotte de corne transparente, dure et taillée à facettes. Dans les yeux d'une mouche, on compte jusqu'à 20,000 de ces facettes; c'est dire qu'elles sont excessivement petites et très difficiles à voir sans verre grossissant. Mais, si fines qu'elles soient, elles n'ont pas moins de vives arêtes, dont l'ensemble constitue au besoin une râpe.

Le papillon, prisonnier dans sa demeure de soie, commence donc par humecter avec une goutte de salive le point du cocon qu'il veut entamer, et puis, appliquant un œil sur l'endroit ainsi ramolli, il tourne sur lui-même, il gratte, il lime. Un à un, les fils de soie cèdent, rompus par la râpe; le trou est fait et le papillon sort du cocon.

5. Le Papillon. — Le papillon du ver à soie s'appelle *Bombyx du mûrier*. Il n'a rien de gracieux. Blanchâtre, ventru, lourd, il ne vole pas comme les autres, de fleur en fleur, car il ne prend aucune nourriture. Aussitôt sorti du cocon, il se met à pondre ses œufs ; puis il meurt. Les œufs du bombyx s'appellent vulgairement *graines*, à cause de leur ressemblance avec les graines de divers végétaux.

6. Structure du cocon. — Le cocon du ver à soie se compose de deux enveloppes, l'une extérieure, consistant en une sorte de gaze très lâche ; l'autre intérieure, formée d'un tissu très serré. Cette dernière est le cocon proprement dit et fournit seul un fil de grande valeur ; l'autre, à cause de son irrégularité, ne peut être dévidée et ne donne qu'une soie propre à être cardée.

L'enveloppe extérieure enchevêtre ses fils aux menus rameaux entre lesquels le ver s'est établi ; elle n'est qu'une sorte de hamac à jour, où la chenille s'isole et prend appui pour le travail solide et soigné de l'enveloppe intérieure. Lorsque ce hamac est prêt, le ver se fixe aux fils avec ses pattes postérieures ; il se soulève, se recourbe et porte tour à tour la tête d'un côté et d'autre en laissant couler de sa lèvre un fil, qui, par sa viscosité, adhère aussitôt aux points touchés.

Sans changer de position, la chenille dépose ainsi une première couche sur la partie de l'enceinte qui lui fait face. Elle se retourne alors et tapisse un autre point de la même manière. Quand toute l'enceinte est tapissée, à la première assise en succèdent d'autres, cinq, six et davantage, jusqu'à ce que les réservoirs de la matière à soie se trouvent épuisés, et que l'épaisseur de la paroi soit suffisante pour la sécurité de la future chrysalide.

D'après la manière dont la chenille travaille, on voit que le fil ne s'enroule pas circulairement comme celui d'une pelote, mais se distribue en une suite de zigzags, d'avant en arrière et de droite à gauche. Malgré ses changements brusques de direction et malgré sa longueur, mesurant de 300 à 350 mètres, ce fil n'est jamais interrompu.

La chenille le produit d'un jet continu, sans suspendre un instant le travail de la filière tant que le cocon n'est pas achevé. Son poids est en moyenne de un décigramme et demi; il suffirait donc de 15 à 20 kilogrammes de ce fil pour fournir une longueur de 10,000 lieues, ce qui est le tour de la terre.

7. Dévidage du cocon. — Le fil du cocon est un tube excessivement fin, aplati, irrégulier à la surface et composé de trois couches distinctes. La couche centrale est de la soie pure. Au-dessus est un vernis inattaquable par l'eau chaude, mais qui disparaît dans une faible lessive; enfin, à la superficie est un enduit gommeux, qui agglutine fortement entre eux les zigzags du fil et forme de leur ensemble une paroi.

Dès que le travail des chenilles est fini, on recueille les cocons sur la ramée de bruyère. Quelques-uns, les plus sains, sont mis à part et abandonnés à la métamorphose. Leurs papillons donnent des œufs ou graines, d'où proviendra, l'année suivante, la nouvelle chambrée de vers. Sans retard, les autres sont exposés dans une étuve à l'action de la vapeur brûlante. On tue ainsi les chrysalides, dont les tendres chairs, lentement, prenaient forme. Si l'on négligeait cette précaution, le papillon percerait le cocon, qui, ne pouvant se dévider à cause de son fil rompu, perdrait presque toute sa valeur.

Le dévidage se fait dans des ateliers nommés *filatures*. On met les cocons dans une bassine d'eau bouillante pour dissoudre la gomme qui agglutine les divers tours. Une ouvrière, armée d'un petit balai de bruyère, les agite dans l'eau pour trouver et saisir le bout du fil, qu'elle met sur un dévidoir en mouvement. Entraîné par la machine, le filament de soie se développe, tandis que le cocon sautille dans l'eau chaude comme un peloton de laine dont on tirerait le fil. Au centre du cocon épuisé, il reste la chrysalide infecte tuée par le feu.

Comme un seul fil ne serait pas assez fort pour la fabrication des tissus, on dévide à la fois plusieurs cocons, de trois à quinze et même au delà, suivant la solidité de étoffes auxquelles la soie est destinée. Ce faisceau de plusieurs brins est employé plus tard comme un seul fil par les machines de tissage.

XX

MÉTAMORPHOSES DES INSECTES

Comme le fait le bombyx du mûrier, la plupart des insectes passent par divers états, si différents entre eux, qu'il serait impossible d'y reconnaître le même animal si l'observation directe n'en fournissait la preuve. Ces états sont au nombre de quatre : l'*œuf*, la *larve*, la *nymphe* et l'*insecte parfait*.

Le premier état, l'œuf, n'a pas besoin d'autres explications. Disons seulement que les insectes font leur ponte, avec une admirable prévoyance, en des points où les jeunes soient assurés de trouver de la nourriture, fort souvent très différente de celle dont s'alimente la mère.

Dermeste, insecte qui ronge le lard.

A la sortie de l'œuf, l'insecte est une sorte de ver, mou, allongé, tantôt sans pattes, tantôt pourvu de membres courts qui n'annoncent en rien les pattes futures. Les ailes sont toujours absentes. La bouche est presque toujours armée de crocs robustes, quel que soit le régime futur. L'insecte porte alors le nom de *larve*, ou bien celui de *chenille*, s'il appartient à la catégorie des papillons. Le ver à soie est la chenille ou larve du bombyx de mûrier.

Dans cette période, l'animal mange avec voracité, et éprouve, à mesure qu'il grossit, des changements de peau ou *mues*. L'état de larve se prolonge, suivant l'espèce, des semaines, des mois, et même plusieurs années. Finalement, la larve se prépare un abri tranquille pour y subir ses métamorphoses.

Mille méthodes sont en œuvre pour la préparation de
ce gîte. Certaines larves, comme celles de la mouche,
s'enfouissent simplement sous terre ; d'autres, comme
celles du hanneton, s'y construisent des niches à parois polies. Il y en a qui se façonnent un abri avec des
feuilles sèches ; il y en a qui savent agglutiner en boule
creuse des grains de sable, du bois pourri, du
terreau.

Nymphe du
Dermeste.

Celles qui vivent dans les troncs d'arbre
bouchent en arrière, avec un tampon de sciure
de bois, la galerie qu'elles se sont creusée ;
celles qui vivent dans le blé rongent toute la
partie farineuse du grain et respectent l'enveloppe, le son, qui doit leur servir de berceau. D'autres,
moins précautionnées, s'abritent dans quelque ride d'une
écorce, dans quelque fente de mur et s'y fixent au moyen
d'un cordon qui les ceint par le travers du corps.

Mais c'est surtout dans la confection de la cellule de

Vanesse Io.   Sa chrysalide.   Sa chenille.

soie appelée cocon que se montre l'industrie des larves.
Ce que nous venons d'apprendre au sujet du ver à soie
nous dispense d'insister sur ce point. Bornons-nous à
dire que si quelques larves, quelques chenilles font leur
cocon avec de la soie pure, il n'en manque pas qui as-
socient diverses matières au peu de soie dont elles dis-
posent.

C'est ainsi que les chenilles velues mettent à profit
leurs poils, qui se détachent alors sans difficulté, et les

entremêlent avec des fils soyeux pour fabriquer une sorte de feutre. D'autres font entrer dans le cocon une grossière filasse formée de parcelles de bois; d'autres encore gâchent de la terre pour crépir les parois trop minces de leur cellule.

Une fois enclose dans sa retraite, la larve se flétrit et se ride. D'abord la peau se fend; puis le ver rejette sa dépouille. Alors apparaît la *nymphe,* sans ressemblance aucune avec la larve d'où elle provient. C'est un corps inerte immobile, tendre, blanc ou même transparent par places comme du cristal. Les diverses parties de la tête, les ailes, les pattes, délicatement repliées sur les flancs, sont très reconnaissables; mais tout cela est d'une délicatesse extrême, en voie de formation. C'est l'insecte comme étroitement emmailloté dans des langes. Les papillons à l'état de nymphe se désignent sous le nom de *chrysalides.*

Enfin, après un laps de temps plus ou moins considérable, variant de quelques jours à des années, la nymphe rompt ses langes, les rejette, et l'insecte est désormais en son état parfait. Après la métamorphose, l'insecte est tel qu'il doit rester jusqu'à la fin. Il ne grossit plus, une fois qu'il possède la forme finale; aussi certaines espèces, le papillon de ver à soie, par exemple, ne prennent aucune nourriture.

Seule, la larve grandit. Toute faible et petite au sortir de l'œuf, elle acquiert peu à peu une grosseur en rapport avec l'insecte futur, ce qui nécessite souvent plusieurs années. De là résulte que la larve vit bien plus longtemps que l'insecte parfait. A l'état de larve, le hanneton, par exemple, vit trois ans sous terre, creusant des galeries et rongeant des racines; sous sa forme parfaite, il ne vit que deux ou trois semaines, juste le temps de pondre ses œufs.

———————————

TROISIÈME PARTIE

LES VÉGÉTAUX

I

LA FLEUR. — CALICE ET COROLLE

Voici la fleur de la *Nielle des blés,* commune dans les moissons avec le *Bleuet* et le *Coquelicot.* Au dehors sont cinq pièces de couleur verte et de consistance ferme, qui, soudées entre elles inférieurement, se terminent à la partie supérieure en lanières longues et pointues. Chacune de ces pièces se nomme *sépale,* et leur ensemble forme ce qu'on nomme le *calice.*

Au dedans de la fleur se trouvent cinq autres pièces, minces, larges et de couleur rougeâtre. Chacune d'elles porte le nom de *pétale,* et leur ensemble celui de *corolle.*

La plupart des fleurs ont deux enveloppes analogues, contenues l'une dans l'autre. L'extérieure, ou le calice, est presque toujours de couleur verte et de structure assez ferme ; l'intérieure, ou la corolle, de consistance bien plus délicate, est embellie de ces magnifiques teintes qui nous plaisent tant dans les fleurs.

Les sépales du calice et les pétales de la corolle sont séparés l'un de l'autre dans certaines fleurs, et soudés entre eux par les bords dans certaines autres. Dans la nielle, les sépales s'unissent inférieurement en un fourreau commun, tout hérissé de cils, que l'on prendrait pour une pièce unique ; mais, dans leur partie supérieure, ils se séparent en cinq lanières pointues, montrant que le calice est en réalité composé de cinq pièces.

Quant à la corolle de la nielle, on y reconnaît cinq pièces, cinq pétales distincts l'un de l'autre, sans aucune soudure.

Au contraire, dans la fleur de la *Campanule*, les cinq pétales dont la corolle se compose sont unis par les bords et forment ensemble une belle cloche bleue, qui semble formée d'une seule pièce. Les cinq larges dents qui bordent l'ouverture de la cloche montrent néanmoins que la corolle est réellement composée de cinq pétales, dont ces dents sont les terminaisons.

Nielle des blés.

Ainsi, lorsque les pièces du calice ou de la corolle s'unissent par les bords et semblent former un tout indivisible, il suffit de reconnaître les échancrures, les dents, les festons que présente l'entrée soit du calice, soit de la corolle, pour savoir le nombre réel des sépales ou des pétales soudés entre eux.

Le calice et la corolle sont le vêtement de la fleur, vêtement double où se trouvent à la fois la solide étoffe qui garantit des intempéries, et le tissu fin qui charme les regards. Le calice, vêtement extérieur, est de forme simple, de coloration modeste, de structure robuste, comme il convient pour résister au mauvais temps. C'est à lui que revient de protéger la fleur non épanouie, de la défendre du soleil, du froid, de l'humidité.

Campanule.

Examinez un bouton de rose, voyez avec quelle précision minutieuse les cinq sépales du calice se rejoi-

gnent pour recouvrir le reste. La moindre goutte d'eau
ne pourrait pénétrer à l'intérieur, tant leurs bords sont
soigneusement assemblés. Il y a des fleurs qui, tous les
soirs, ferment leur calice et s'y replient pour se garantir de la fraîcheur.

La corolle, ou vêtement intérieur, à la finesse du tissu
unit l'élégance de la forme et la richesse de la teinte.
C'est elle surtout qui captive les regards, à tel point que
d'habitude nous la considérons comme la chose principale de la fleur, tandis qu'elle n'est qu'un accessoire or-
nemental.

Des deux enveloppes, la plus nécessaire est le calice.
Beaucoup de fleurs n'ont pas de corolle, mais elles ont
un calice, qui, dans sa plus grande simplicité, se réduit
à une toute petite feuille en forme d'écaille. Les fleurs
sans corolle restent inaperçues, et les végétaux qui les
portent nous paraissent ne pas fleurir. C'est une erreur :
tous les arbres, toutes les plantes fleurissent.

Même le saule, le chêne, le peuplier, le pin, le hêtre,
le blé, et tant d'autres, dont sans doute vous n'avez jamais vu les fleurs, mes enfants. Ils fleurissent, tous tant
qu'ils sont. Leurs fleurs sont extrêmement nombreuses;
mais, comme elles sont fort petites et dépourvues de corolle, elles échappent au regard inattentif. Il n'y a pas
d'exception : toute plante a ses fleurs.

<hr>

II

LA FLEUR. — ÉTAMINES ET PISTIL

Nous ne connaissons encore de la fleur que les parties
les moins importantes, le calice et la corolle. Qu'y a-
t-il sous ces enveloppes ? Examinons ensemble une fleur
de *Lis*, qui, par son ampleur, se prête facilement à
l'étude.

Elle n'a pas de calice, mais elle possède une superbe corolle, formée de six pièces, de six pétales plus blancs que l'ivoire, gracieusement courbés en dehors, et disposés sur deux rangées de trois. J'enlève les six pétales. Ce qui reste maintenant est l'essentiel, c'est-à-dire la chose sans laquelle la fleur ne remplirait pas son rôle, qui est de donner un fruit. Passons avec soin ce reste en revue. Cela en vaut la peine, vous allez voir.

FLEUR DU LIS.

a. Étamines et pistil. — *b*. Pistil seul.

Il y a d'abord six petites baguettes blanches, surmontées chacune d'un petit sac plein d'une fine poudre jaune. Ces six pièces se nomment *étamines*. On en trouve dans toutes les fleurs, tantôt plus, tantôt moins ; pour sa part, le lis en a six, distribuées en deux rangées de trois.

Le sachet qui surmonte l'étamine se nomme *anthère*. La poussière jaune contenue dans l'anthère s'appelle *pollen*. C'est elle qui nous barbouille le nez de jaune quand nous flairons un lis.

J'enlève les six étamines. Il reste un corps central, renflé en bas, rétréci dans le haut en un long filament, et surmonté d'une espèce de tête humectée d'une humeur visqueuse. En son ensemble, ce corps central prend le nom de *pistil ;* son renflement d'en bas s'appelle *ovaire*, le filament qui le surmonte prend le nom de *style*, et la tête visqueuse qui termine ce filament se nomme *stigmate*.

Section de l'ovaire du lis.

Voilà bien des noms pour de petites choses, noms que jamais, sans doute, vous n'aviez encore entendu prononcer ; mais ces petites choses ont une importance sans égale ; sans le merveilleux travail de ces petites choses, nous péririons de faim.

Avec le canif, je coupe l'ovaire en travers. Dans trois compartiments rangés en rond, dans trois *loges*, se voient de petits grains blancs ; ce sont les futures graines de la plante. L'ovaire est donc la partie de la fleur où se forment les semences. A un certain moment, la fleur se flétrit, les pétales se fanent et tombent ; le calice en fait autant, ou quelquefois reste et continue son rôle protecteur ; les étamines desséchées se détachent, seul l'ovaire reste, grossissant, mûrissant et devenant le fruit.

Tout fruit, poire, pomme, abricot, pêche, noix, cerise, melon, raisin, amande, châtaigne, a débuté par être un petit renflement du pistil ; toutes ces choses excellentes que la plante nous fournit pour nourriture ont été d'abord des ovaires.

La poire a commencé par être l'ovaire de la fleur du poirier ; l'abricot, la cerise,

Section d'une fleur d'abricotier.

la pêche, étaient en débutant les ovaires de leurs fleurs respectives. Voulez-vous voir l'abricot dans sa fleur ? Le voici :

Au centre de la fleur, vous voyez le pistil, qu'entourent de nombreuses étamines. La tête qui le termine en haut est le stigmate ; le renflement qui le termine en bas est l'ovaire, c'est-à-dire le futur abricot. Cette petite chose verte aurait fait un abricot, plein de jus sucré, comme vous les aimez tant. Une pareille petite chose verte aurait fait la grosse poire fondante, la pomme parfumée, l'énorme citrouille.

Fleur du blé.

Examinons encore l'ovaire du blé, ce précieux ovaire qui nous fait le pain. Voici, détachée de son épi, une fleur du froment. Deux pauvres écailles lui servent de calice et de corolle. Aisément vous reconnaissez trois étamines pendantes, avec leur anthère à double sachet plein de pollen. Le corps principal de la fleur est l'ovaire ventru qui, mûr, serait devenu un grain de blé. Il est surmonté du stigmate façonné en double plumet d'une exquise élégance. Telle est la petite et modeste fleur d'où nous vient le grain, puis la farine, et finalement le pain.

Quelle que soit la plante, en peu de jours, en quelques heures même, la fleur se flétrit. Les pétales, les étamines, et souvent le calice, se fanent et meurent. Une seule chose survit : l'ovaire, qui va devenir le fruit. Or, pour survivre aux diverses parties de la fleur et persister sur le rameau quand tout le reste se détache et tombe, l'ovaire, au moment où la floraison est dans sa pleine vigueur, reçoit un supplément de forces, on pourrait presque dire une nouvelle vie. Les magnificences de la corolle, ses somptueuses colorations, ses parfums servent à célébrer l'instant solennel où s'éveille dans l'ovaire la nouvelle vitalité. Ce grand acte accompli, la fleur a fait son temps.

Eh bien, c'est la poussière des étamines, c'est le pollen qui donne ce surcroît d'énergie sans lequel les graines naissantes périraient dans l'ovaire, lui-même flétri. Il arrive des étamines sur le stigmate, toujours enduit d'une viscosité apte à le retenir : et du stigmate, il fait ressentir son action sur l'ovaire. Animées alors d'une nouvelle vie, les graines naissantes, ou les *ovules*, comme on les appelle, prennent un rapide développement, tandis que l'ovaire se gonfle pour leur fournir la place nécessaire. Le résultat final de cet incompréhensible travail, c'est le fruit avec son contenu de semences propres à germer et à produire de nouvelles plantes.

Liseron.

Le plus souvent le pollen est jaune et semblable à une fine poussière de soufre. Il est blanc dans le *Liseron* et la *Mauve*; violacé dans le *Coquelicot*. Le pollen arrive sur le stigmate de diverses manières. Assez souvent, il tombe tout simplement des anthères et parvient ainsi au stigmate de la même fleur situé un peu plus bas; d'autres fois, le vent secouant la fleur dépose la poussière des étamines sur le stigmate, ou même le transporte à de grandes distances au profit d'autres ovaires, mais appartenant à la même espèce de plante, car le pollen d'un végétal n'a d'action que sur un végétal pareil, et ne produit absolument rien sur les autres.

Il y a des fleurs, celles de la *Rue,* par exemple, dont les étamines s'animent, en quelque sorte, pour remplir leur mission. A tour de rôle, elles se recourbent et viennent appliquer leur anthère sur le stigmate pour y déposer leur pollen; puis, lentement, elles se relèvent et font place à une autre. Ces salutations terminées, le rôle des étamines est fini. La fleur se fane, mais l'ovaire se met à mûrir ses graines.

Narcisse

Les insectes sont les auxiliaires de la fleur. Mouches, guêpes, abeilles, bourdons, scarabées, papillons, tous, à qui mieux mieux, lui viennent en aide pour transporter le pollen des anthères sur les stigmates. Ils plongent dans la fleur, affriandés par une goutte mielleuse préparée au fond de la corolle. Dans leurs efforts pour l'atteindre, ils secouent les étamines et se barbouillent de pollen, qu'ils transportent d'une fleur à l'autre.

Chèvrefeuille.

Qui n'a vu les bourdons sortir enfarinés du sein des fleurs? Leur ventre velu, poudré de pollen, n'a qu'à toucher un stigmate en passant pour lui communiquer la vie. Quand au printemps, sur un poirier en fleur, tout un essaim de mouches, d'abeilles et de papillons s'empresse, bourdonnant et voletant, c'est triple fête, mes amis : fête pour l'insecte, qui butine au fond des fleurs ; fête pour l'arbre, dont les ovaires sont vivifiés par tout ce petit peuple en liesse ; fête pour l'homme, à qui récolte abondante est promise.

L'insecte est le distributeur par excellence du pollen ; toutes les fleurs qu'il visite reçoivent leur part de poussière vivifiante. Pour l'attirer, la fleur possède, au fond de sa corolle, une goutte de liqueur sucrée appelée *nectar*. Déchirez en deux une fleur de *Narcisse*, de *Primevère*, de *Chèvrefeuille*, et passez le bout de la langue au fond de la corolle ouverte ; vous sentez quelque chose de suavement doux. Voilà le nectar, voilà la friandise qui attire les insectes. Avec cette liqueur, les abeilles font leur miel.

III

LE FRUIT

Le mot *fruit* ne s'entend pas seulement du produit de la fleur bon à manger, il se dit aussi de ce qui contient les semences destinées à multiplier, à propager la plante. Tout végétal a son fruit, sans valeur alimentaire pour nous dans l'immense majorité des cas ; et tout fruit, comestible ou non, est d'abord l'ovaire d'une fleur. Accordons notre attention à quelques-uns des fruits de nos vergers.

Les fleurs du poirier et du pommier sont d'un blanc lavé d'un rose tendre. Elles viennent par petits bouquets et s'épanouissent aux premiers beaux jours, alors que le feuillage commence à se développer. En bas est un renflement assez prononcé, l'ovaire, début de la poire et de la pomme futures.

Il se creuse au sommet d'un petit godet sur les bords
duquel sont fixés cinq sépales, puis cinq pétales, puis
encore des étamines en nombre considérable. Au centre
s'élèvent cinq styles assez longs et menus comme des
fils qui plongent au fond du godet et communiquent
avec cinq loges distri-
buées en une rangée
circulaire dans l'épais-
seur du renflement.
Telles sont les fleurs du
poirier et du pommier.

Comment sont les
fruits ? Rappelons d'a-
bord à l'esprit ce que
chacun de nous sait
par avance, l'ayant vu
cent et cent fois. En bas
est la queue, le support
de l'ancienne fleur.
Dans la pomme, elle se
loge au fond d'une fos-

Le poirier.

sette ; dans la poire, elle termine le prolongement rétréci du fruit. Au sommet, dans les deux cas, est un
œil, c'est-à-dire une fossette, que couronnent quelques
débris desséchés de la fleur. On y reconnaît des traces des cinq sépales ;
on y voit même quelques filaments d'é-
tamines.

Coupons le fruit, poire ou pomme,
par le travers, au milieu. Cinq compartiments ou cinq loges apparaissent,
disposés en une étoile à cinq pointes.
Leurs parois sont formées d'une lame

La pomme.

coriace, partie immangeable du fruit tant elle est rebelle
à la dent. Chacune de ses loges contient un petit nombre
de semences, empilées sur deux rangs. Parfois une seule
rangée se développe ; parfois aussi aucune graine n'arrive à bien, et alors la loge est vide, avec les parois

plus ou moins rapprochées. On donne à ces semences du poirier et du pommier le nom de *pépins*. Quand nous mangeons une pomme ou une poire, la partie centrale du fruit, rejetée parce qu'elle est trop dure, se réduit

Coupe transversale
d'une poire.

Coupe transversale
d'une pomme.

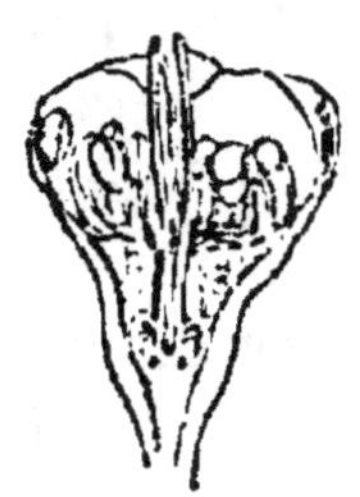

Coupe d'une fleur de
poirier.

aux cinq loges avec leur muraille coriace et leur contenu de pépins.

Qui connaît les fleurs du poirier, connaît aussi les fleurs du cerisier et du prunier. Même disposition par bouquets, même calice, même corolle, mêmes nombreuses étamines. Le pistil seul diffère. Il est unique et l'ovaire n'a qu'une loge. Le fruit comprend d'abord une couche extérieure, charnue et juteuse, qui est la partie comestible de la cerise et de la prune ; puis une robuste coque ou *noyau*, espèce de coffret destiné à protéger la graine ; enfin une graine unique enclose dans ce coffre-fort.

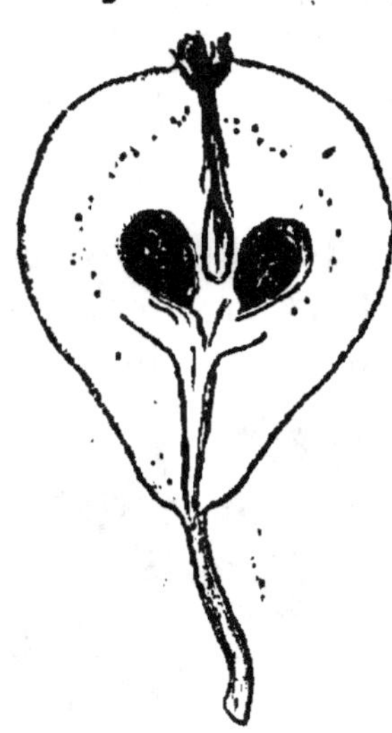

Coupe longitudinale
d'une poire.

L'ensemble de la chair comestible et de la paroi du noyau forme ce qu'on appelle le *péricarpe*, mot qui signifie à peu près enceinte de protection pour les semences. Pareil nom s'applique à la partie comestible de la poire et de la pomme, accompagnée de la muraille coriace intérieure ; enfin à toute enveloppe de semences, n'importe sa nature.

Voyez à quoi cette enceinte de la cerise et de la prune, en partie délicieuse à manger, en partie dure presque

comme pierre, peut servir pour propager au loin le cerisier et le prunier. En dehors des soins de l'homme, à
l'état sauvage, les deux arbres doivent pouvoir répandre çà et là
leurs semen-
ces, pour que
l'espèce aug-
mente en
nombre et
prospère.
Comment s'y
prendront-ils
avec leurs
fruits lourds
que le vent ne
peut trans-
porter ? Ces

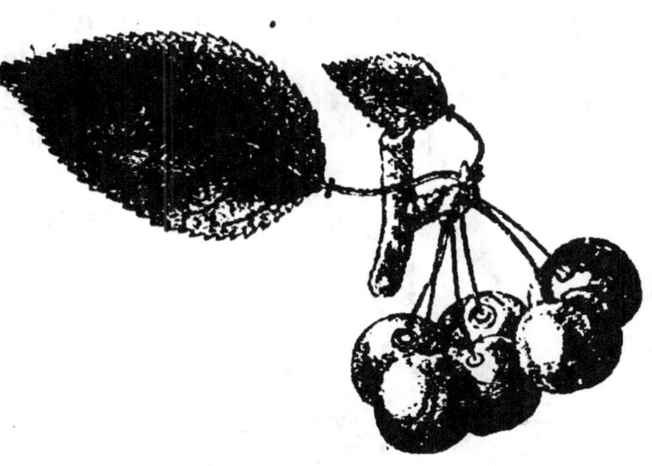

Les cerises.

fruits ne sont-ils pas destinés à pourrir inutilement au
pied de l'arbre, n'ayant pas la place pour la germination
de leurs semences ?

L abricotier.   Le pêcher.

Nullement, car voici des oiseaux qui accourent, affriandés par les exquises cerises. Le *Loriot*, fin compère,
dit-on, les mange et laisse les noyaux, non sans en ré-

pandre quelques-uns, de-ci, de-là, au gré de ses joyeuses évolutions autour de l'arbre. C'est autant de fait pour le travail de la dissémination.

Mais bien d'autres oiseaux n'apportent pas au régal de cer... e même raffinement ; ils avalent le tout, puis s'en vont, traversant d'un coup d'aile, plaines, monts et vallées. Dans leur estomac, la chair de la cerise est bientôt digérée ; mais le noyau, point. Le solide coffret est inattaquable ; il traverse intact l'organe à digestion de l'oiseau. Un moment arrive donc..... Inutile de poursuivre : le reste se devine.

Voilà le noyau rejeté avec sa semence qui n'a subi aucun dommage, défendue qu'elle est par le coffre-fort. De plus, circonstance heureuse, un peu de fumier l'accompagne : c'est le remerciement de l'oiseau au cerisier qui l'a régalé. Maintenant la coque se

La pêche.

fond et la semence devient un petit cerisier en un lieu très distant du point de départ. Ainsi le cerisier, en donnant à ses fruits chair succulente, a pour but, non de nous fournir de délicieuses cerises, mais de faire transporter au loin, par les oiseaux, ses semences, que protège contre la digestion l'enceinte du noyau.

A côté du cerisier et du prunier, prennent rang l'abricotier et le pêcher, tous deux donnant des fleurs pareilles à celles que nous venons d'étudier, et tous deux aussi donnant des fruits construits sur le modèle de la cerise et de la prune, c'est-à-dire formés d'une abondante chair juteuse, suivie d'un robuste noyau avec semence unique.

De ces fruits nous mangeons la partie charnue et nous rejetons le noyau et la semence, sauf pour les abricots, lorsqu'ils sont doux, bien entendu. Mais ils ne sont pas toujours doux, vous le savez mieux que personne ; et après les avoir mis en réserve dans la poche pour les casser à l'aise, combien de fois ne vous est-il pas arrivé de les trouver amers !

L'amandier a juste la fleur de l'abricotier, juste aussi le fruit, avec une réserve cependant : c'est que le péricarpe n'est pas mangeable. C'est une enveloppe assez épaisse, veloutée et d'un vert cendré au dehors, tapissée à l'intérieur d'une coque plus ou moins dure. Cela représente le noyau et la partie comestible de l'abricot, de la pêche, de la cerise, de la prune. A la maturité, l'enveloppe verte se fend, s'ouvre, et laisse échapper la coque renfermant la graine. Celle-ci, ou l'*amande,* est ce que nous mangeons.

IV

LA GRAINE

Puisque l'occasion s'en présente, pourquoi ne regarderions-nous pas un peu de près l'amande, qui, par sa grosseur, se prête bien à l'observation ? Nous aurons là de bien belles choses à apprendre sur la structure de la graine en général. L'amande est une graine ; elle nous dira ce que sont les autres graines, jusqu'à la plus petite.

L'ovaire de la fleur, fertilisé par le pollen, devient le fruit : la pomme sur le pommier, la cerise sur le cerisier, la noix sur le noyer, le grain de blé sur le froment, et ainsi de suite pour tous les végétaux. Le fruit contient les graines, plus ou moins nombreuses; parfois une seule, comme dans la pêche, la prune, l'amande; souvent plusieurs comme dans la pomme et dans la poire; en d'autres cas se comptant par milliers, comme dans le melon et la citrouille.

Le rôle naturel du fruit est de nourrir d'abord, et puis de protéger les graines, à l'abri d'enveloppes tantôt charnues, tantôt minces et sèches, tantôt durcies en robustes coques.

Fleur de l'amandier.

A leur tour, les graines ont pour fonction de propager l'espèce. Tout végétal, depuis les colosses des forêts, chêne, hêtre, sapin et les autres, jusqu'au moindre, tel que la mousse, a pour origine la graine. Toute plante a ses fleurs, toute plante a ses fruits, toute plante a ses graines. C'est avec la graine que la végétation se conserve prospère à travers les siècles; c'est avec la graine que tout arbre, tout arbuste, tout brin d'herbe, laissent après eux, pour leur succéder, nombreuse descendance.

Qui ne voudrait savoir comment est faite la semence, qui, mise en terre, doit devenir ou bien petite plante, ou bien arbre énorme? Qu'y a-t-il là dedans? Comment d'un gland peut-il sortir un chêne, et d'un pépin de poire un poirier?

L'amande.

Considérons le fruit de l'amandier. Nous savons qu'il a d'abord une peau extérieure, verte et tendre, qui, à la maturité, s'ouvre d'elle-même, se dessèche, se replie et laisse échapper son contenu. Ce contenu est une coquille, parfois assez fragile pour se casser sous la dent, mais d'autres fois aussi très dure et ne cédant que sous la pierre ou le marteau. La coquille cassée, il nous reste la graine.

A quoi peuvent servir les deux parties que nous venons

d'enlever ? Il faudrait avoir les yeux de l'esprit bien
bouchés pour ne pas y reconnaître des enveloppes destinées à protéger la graine, des enceintes qui défendent
la délicate semence contre le froid, la chaleur, la pluie,
la dent des animaux. L'extérieure, veloutée d'un court
duvet, est une couverture qui met à l'abri
des intempéries ; l'intérieure est un rempart qui, pour être forcé, exige le choc entre deux pierres.

De semblables moyens de défense se retrouvent en tout fruit, mais extrêmement
variés d'une espèce végétale à l'autre. La
cerise, la prune, la pêche, l'abricot ont la
solide coque, le coffre-fort du noyau ; et,
par-dessus, une enceinte de chair juteuse.

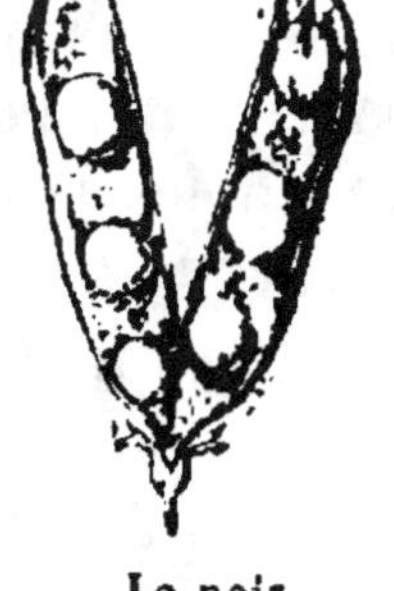

Le pois.

La pomme et la poire ont leurs pépins logés dans cinq
petites niches, qui dessinent une étoile quand le fruit est
coupé en travers. Ces niches, ces loges ont la paroi faite
d'une lame coriace, semblable à de la corne, et autour
de leur ensemble est un épais rem-
part de chair.

Le haricot et le pois ont leurs
semences rangées dans un long
étui qui s'ouvre en deux pièces ;
le châtaignier a les siennes dans
une bourse hérissée de piquants.
Toutes ces enveloppes défensives,
quelles qu'en soient la configuration, la consistance, la nature,
font partie du fruit et proviennent
de l'ovaire.

La châtaigne.

Revenons à l'amande. La coque étant brisée, apparaît
la graine, la semence, qui est unique dans le fruit de l'a-
mandier. Cette graine, nous venons de la voir défendue
par deux enceintes, dont l'intérieure est une boîte bien
solide et bien dure. Comme protection, est-ce assez ?
Pas encore. Après la robuste fortification du dehors
vient la fine enveloppe de l'intérieur, qui emmaillote

étroitement la semence et lui évite le dur contact de la coque.

Cette enveloppe est double et se compose en dehors d'une peau roussâtre, au dedans d'une pellicule blanche, extrêmement souple et mince, facile à reconnaître lorsque l'amande est fraîche.

Semblable vêtement double se retrouve en toute graine. Celui de l'intérieur est toujours d'une grande finesse, parce qu'il recouvre immédiatement ce que la graine a de plus essentiel, de plus délicat. Celui de l'extérieur, beaucoup plus ferme et plus résistant, a des aspects fort

Amande ouverte montrant le noyau. — Noyau ouvert montrant la semence. — Amande dont un cotylédon est enlevé.

divers d'une plante à l'autre. C'est une peau rousse dans l'amande et dans la noix, ainsi que dans les semences du pêcher, de l'abricotier, du cerisier, du prunier. Les pépins du poirier et du pommier l'ont formé d'une lame coriace et dure ; les haricots l'ont lisse et luisant, tantôt en entier blanc, tantôt mi-partie blanc et noirâtre, tantôt tiqueté de taches rouges.

En outre, les haricots, les pois, les fèves présentent, en un point de leur surface, une sorte de petit œil ovale. A cet œil se rattachait un cordon court et menu qui suspendait la semence à la paroi du fruit et servait de canal pour lui amener la nourriture. Toute graine est appendue à son fruit par semblable cordon nourricier, mais toutes n'ont pas aussi bien marqué que sur le haricot et sur la fève l'œil où s'abouchait ce cordon.

Une fois les deux enveloppes enlevées, opération très facile quand l'amande est fraîche, il nous reste un objet blanc, ferme, savoureux, partie comestible du fruit de l'amandier. Cet objet est le *germe*, c'est-à-dire ce qui serait devenu un arbre si l'on avait mis la semence en terre.

Il est arrondi d'un bout, un peu pointu de l'autre. A l'extrémité pointue fait saillie un petit mamelon. Sur le contour règne un faible sillon, une rainure, qui annonce une séparation facile. Introduisons la pointe du couteau dans ce sillon, et forçons légèrement. Une moitié se détachera, et l'autre moitié nous montrera ce que reproduit la figure ci-dessus.

Le petit mamelon pointu qui fait saillie en dehors se nomme *radicule*; c'est lui qui, s'allongeant, pénétrant dans la terre et s'y ramifiant, serait devenu la racine.

Au-dessus est un bouquet serré de très petites feuilles naissantes, toutes blanches. On lui donne le nom de *gemmule*. En se déployant, la gemmule doit donner les premières feuilles.

Enfin l'étroite ligne de démarcation entre la radicule et la gemmule est appelée *tigelle*; de là doit provenir le premier jet de la tige. Tel est l'amandier en graine. Le grand arbre qui doit étaler à l'air un abondant branchage et enfoncer dans le sol de puissantes racines est maintenant contenu dans un corpuscule de rien, tout juste assez gros pour être visible.

Lorsqu'il possédera feuilles et racines, convenablement développées, le petit amandier s'alimentera de lui-même, en puisant dans la terre et dans l'air ce dont il a besoin. Mais d'ici là, il faut vivre ; il faut se fortifier, grossir un peu. Comme rien ne se fait avec rien, le germe doit trouver quelque part de quoi suffire à sa première croissance. Ce ne peut être dans le sol, tant que la radicule n'est qu'un simple point, incapable de tout travail ; ce ne peut être davantage dans l'air, tant que la gemmule n'est pas déployée en feuillage. Il faut donc au germe certaines provisions alimentaires, contenues toutes préparées dans la graine. Ces provisions, où sont-elles ?

Dans l'amande, nous avons reconnu la gemmule, la radicule et la tigelle ; mais il reste encore deux grosses pièces, facilement séparables l'une de l'autre, et formant, à elles seules, la presque totalité de la graine. Ces deux pièces sont les deux premières feuilles de la plante, mais des feuilles d'une structure à part, très épaisses, charnues et relativement énormes. Voilà les réservoirs alimentaires, les magasins à vivres où doit, en ses débuts, puiser la jeune plante.

Au moment de la germination, ces deux grosses feuilles, gonflées de matériaux nutritifs, cèdent peu à peu une partie de leur substance à la petite plante, et l'allaitent en quelque sorte. On pourrait donc les appeler des mamelles végétales, des feuilles nourricières ; la science les nomme *cotylédons*. Pour grandir, le petit poulet dans son œuf a le jaune, l'agneau a le lait de sa mère, le germe de la plante a le suc des cotylédons.

V

LE POIS. — LE HARICOT. — LE TRÈFLE. LE SAINFOIN. — LA LUZERNE

1. Le Pois. — Difficilement, en nos pays, trouverait-on une fleur aussi curieuse que celle du pois. La voici isolée ; examinons-la pièce à pièce. C'est d'abord un calice dont les sépales soudés forment une coupe profonde avec cinq dentelures sur le bord. Jusque-là rien de remarquable. Mais continuons :

La corolle est d'une structure tout à fait à part. On y compte cinq pétales de formes diverses. Le plus grand occupe la partie supérieure de la fleur et s'épanouit en large lame. On lui donne le nom d'*étendard*.

Deux autres pétales, de dimension moindre et semblables entre eux, occupent chacun l'un des côtés de la

fleur et viennent s'adosser par leur bout en avant. On les
nomme les *ailes*.

Enfin, sous l'espèce de toit formé par les deux ailes, est
une pièce légèrement courbée à la face inférieure et imi-

Fleur du pois.

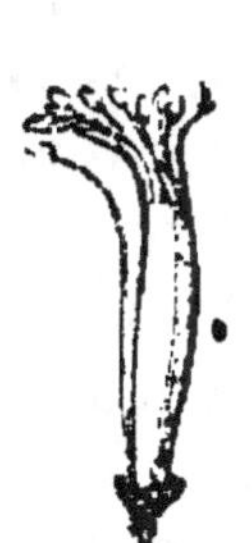

Pois : étamines.

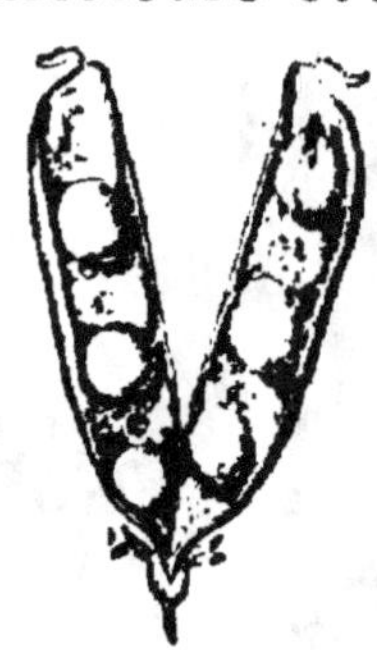

Pois : gousse ouverte.

tant la carène d'un navire. Cette forme lui a valu le nom
de *carène*. Deux pétales la composent, légèrement soudés l'un à l'autre. Dans la cavité ou nacelle qui résulte
de leur ensemble se trouvent
les etamines et le pistil.

Le fruit se nomme *légume*
ou bien *gousse*. Bien mûr, il
s'ouvre de lui-même en deux
pièces, dont un bord porte les
semences appendues. Cette enveloppe de deux pièces, d'a-
bord soudées entre elles en
un étui, puis étalées, n'est
autre chose que ce que nous
avons déjà nommé le *péricarpe*. Dans certaines variétés du pois, à gousses plus
larges et plus charnues que
dans le pois ordinaire, ce pé-

Le pois.

ricarpe est comestible quant il est encore vert et tendre.
On écosse, au contraire, les pois ordinaires, c'est-à-dire
qu'on rejette le péricarpe, vulgairement la *cosse*, pour
garder les semences seules, excellent manger à l'état
frais, nourriture moins estimée à l'état sec.

2. Le Haricot. — La structure de la fleur des pois se retrouve dans la fleur du haricot, du trèfle, du sainfoin, de la luzerne. Dans toutes nous trouverions un étendard, des ailes, une carène. Le fruit est aussi une gousse, un légume.

Le péricarpe du haricot s'ouvre à la maturité en deux pièces, et montre son contenu de semences fixées à l'un des bords de l'enveloppe par le cordon très court qui les nourrissait. Frais et jeune, ce péricarpe est alimentaire; sec et vieux, il est rejeté; mais la graine, le populaire haricot, est d'une précieuse ressource.

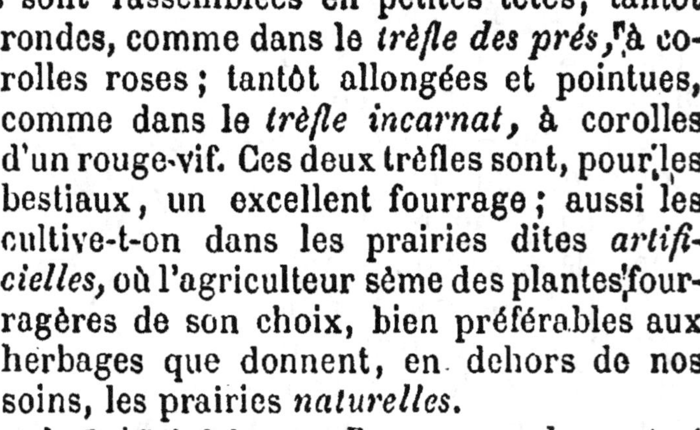

Le trèfle des prés.

3. Le Trèfle. — Le nom de *trèfle* signifie trois feuilles; on y reconnaît aisément les lettres principales des deux termes entrant dans sa composition. La plante ainsi dénommée possède, en effet, des feuilles formées de trois pièces distinctes : l'une au sommet, les deux autres un peu plus bas, à droite et à gauche.

Les fleurs sont rassemblées en petites têtes, tantôt rondes, comme dans le *trèfle des prés,* à corolles roses ; tantôt allongées et pointues, comme dans le *trèfle incarnat,* à corolles d'un rouge-vif. Ces deux trèfles sont, pour les bestiaux, un excellent fourrage ; aussi les cultive-t-on dans les prairies dites *artificielles,* où l'agriculteur sème des plantes fourragères de son choix, bien préférables aux herbages que donnent, en dehors de nos soins, les prairies *naturelles*.

Le sainfoin.

4. Le Sainfoin. — Renversons le mot et *sainfoin* deviendra foin sain, foin favorable à la santé, foin par excellence. La plante ainsi désignée fournit un fourrage précieux qui donne vigueur aux chevaux, fermeté et saveur de chair aux bœufs, lait abondant et de meilleure qualité aux vaches.

Ses racines profondes, s'insinuant parmi les pierrailles, vont chercher la fraîcheur et la nourriture là où le trèfle ne pourrait vivre. Les plus maigres terrains lui suffisent.

Les fleurs sont d'un beau rose et disposées en long épi. Les feuilles sont formées de nombreuses pièces ou folioles alignées sur deux rangs. La gousse est courte, hérissée et piquante, et ne contient qu'une seule semence.

5. **La Luzerne.** — C'est une troisième plante fourragère rivalisant d'utilité avec le trèfle et le sainfoin. Elle a de très longues racines, qui consolident les terres mouvantes et vont chercher la nourriture à une grande profondeur.

La luzerne a la tige assez

La luzerne.

élevée, les feuilles, à trois folioles, bien moins larges que celles du trèfle ; les fleurs, purpurines ou violettes, disposées en longues grappes. Le trait distinctif de la luzerne se trouve dans le fruit, qui s'enroule en spirale, à la façon d'une coquille d'escargot.

VI

LA POMME DE TERRE

Le nom de pomme de terre s'applique à deux choses :
à la plante entière et aux renflements farineux qu'elle
produit sous terre. Les renflements se nomment *tubercules*. Malgré leur structure informe et leur séjour
dans le sol, ce ne sont pas réellement des racines, mais
des rameaux d'un genre particulier.

La pomme de terre.

A leur surface se voient certains enfoncements, des yeux ou bourgeons, qui se développent et s'allongent en pousses dans l'arrière-saison. La culture utilise cette propriété. Le tubercule est coupé par quartiers, et chaque fragment mis en terre produit un nouveau pied, à la condition expresse qu'il ait au moins un œil ; s'il n'en a pas, il pourrit sans rien produire.

Le fruit de la pomme de terre, le véritable fruit, car le tubercule employé à notre alimentation n'en est évidemment pas un, est une sorte de petite pomme verte de la grosseur d'une cerise. Ce fruit est vénéneux, ainsi du reste que la tige, les ramifications et le feuillage ; nos animaux domestiques n'y touchent jamais.

Les seules parties comestibles sont les tubercules. Ces renflements alimentaires provenant d'une plante dont toutes les autres parties sont malfaisantes nous expliquent la longue indécision que l'on a mise à la culture de la pomme de terre.

La pomme de terre est originaire de l'Amérique du Sud ; elle nous est venue des hauts plateaux de la Colombie, du Chili, du Pérou. Sa première apparition en Europe date de 1565. A cette époque, on fit quelques essais de culture avec des tubercules apportés de Santa-Fé-de-Bogota ; un siècle et demi plus tard, la pomme de terre prospérait dans les îles Britanniques ; son introduction en France fut plus tardive. Le premier plat de pommes de terre, alors rareté de haut prix, fut servi sur la table de Louis XIII, en 1616.

Longtemps le tubercule américain resta dans notre pays simple objet de curiosité, auquel on attribuait des propriétés malfaisantes et dont l'agriculture ne voulait pas, lorsque enfin, dans les dernières années du siècle passé, l'infatigable zèle d'un homme de bien, Parmentier, dissipa les préjugés et popularisa la culture de la précieuse plante alimentaire.

La pomme de terre : fleurs.

Parmentier communiqua ses idées à Louis XVI. La pomme de terre, disait-il, est du pain tout fait, qui ne demande ni le meunier ni le boulanger ; telle qu'on l'extrait du sol, elle devient, sous les cendres chaudes ou dans l'eau bouillante, un aliment farineux qui rivalise avec celui du froment ; les terrains maigres, impropres à d'autres cultures, lui suffisent ; avec elle ne seront plus à craindre ces terribles disettes dont la France souffrait alors précisément.

Le roi partagea ces idées avec ardeur, mais le difficile était de les faire partager aux autres. Pour intéresser la mode à la culture du tubercule dédaigné, Louis XVI parut un jour dans une fête publique avec un gros bouquet de fleurs de pomme de terre à la main. La curiosité s'éveilla devant ces belles corolles blanches nuancées de violet et rehaussées par le vert sombre du feuillage. On en parla à la cour et à la ville ; les fleuristes en firent des imitations pour leurs bouquets artificiels ; les jardins d'ornement les admirent dans leurs banquettes ; et, pour faire la cour au roi, les seigneurs envoyèrent des tubercules à leurs fermiers avec ordre de les cultiver.

Pomme de terre:
calice et pistil.

Mais l'ordre n'est pas la persuasion : les tubercules royalement patronnés furent jetés au fumier, ou végétèrent oubliés dans un coin. Il fallait convaincre, non le grand seigneur, mais le paysan lui-même, plus directement intéressé en cette affaire ; il fallait vaincre ses répugnances, qui lui faisaient rejeter la pomme de terre, même pour la nourriture du bétail ; il fallait lui apprendre, par sa propre expérience, que le tubercule mal famé, loin d'être un poison, est une nourriture excellente.

C'est ce que Parmentier comprit, et, sans tarder, il se mit à l'œuvre. Aux environs de Paris, il acheta ou prit à ferme de grandes étendues de terrain qu'il fit planter en pommes de terre. La première année, la récolte fut vendue à très bas prix ; quelques paysans en achetèrent. La seconde année, les pommes de terre furent données pour rien ; personne n'en voulut.

L'attrait de la chose défendue fit enfin ce que n'avaient pu faire les écrits, les conseils, les exemples, les offres du philanthrope. Un vaste terrain est planté de pommes de terre, et quand le moment de la maturité est venu, Parmentier fait publier, à son de trompe, dans les villages voisins, défense de toucher à la récolte, avec menace de toutes les sévérités de la loi. Pendant le jour, des gardes exercent autour des champs une sévère surveillance ; la nuit, comme il est convenu avec Parmentier, ils restent chez eux.

« Qu'est-ce donc que cette plante que l'on surveille avec des soins si jaloux ? se demandent les paysans, alléchés par la défense ; ce doit être bien précieux ; essayons d'en avoir à la nuit noire. »

Et la maraude nocturne commence, bientôt véritable pillage. Le tubercule tant méprisé s'emportait furtivement à pleins sacs. En peu de jours, le champ n'avait plus de pommes de terre. Le volé, l'excellent Parmentier, pleurait de joie : il venait de doter son pays d'une ressource alimentaire inestimable.

VII

LE TABAC

Le tabac est une plante dont la hauteur atteint à peu près un mètre ou même le dépasse. Ses feuilles sont d'un vert sombre, amples, en ovale pointu ; froissées entre les doigts, elles répandent une odeur nauséabonde, signe de propriétés malfaisantes. Le tabac, en effet, est un violent poison.

Les fleurs sont nombreuses, d'un rouge clair, et disposées en une sorte de grappe dont les ramifications se subdivisent en rameaux plus petits. La corolle forme une espèce d'entonnoir qui s'épanouit au bout en une étoile à cinq dents. Le fruit est une coque, aride et coriace, subdivisée en deux compartiments ou loges. Les graines sont très petites, extrêmement nombreuses, brunes et chagrinées à la surface.

Le tabac est originaire de l'Amérique. Les feuilles seules sont employées, après avoir subi certaines préparations. Roulées en un petit paquet serré, elles deviennent les cigares ; hachées très menu, elles constituent le tabac à fumer ; réduites en poudre, elles fournisent le tabac à priser.

Lorsqu'il découvrit l'Amérique, en 1492, Christophe Colomb débarqua d'abord à l'une des Lucayes, qu'il nomma San-Salvador, c'est-à-dire Saint-Sauveur, pour remercier le ciel de l'heureux succès de ses prévisions. Bientôt après, il prit terre à Cuba, la plus grande des Antilles. Craignant de s'engager dans les bois, au milieu des sauvages, il envoya quelques éclaireurs pour reconnaître le pays.

Hachoir à tabac.

Les matelots de l'expédition trouvèrent en chemin, à leur extrême étonnement, de nombreux Indiens, hommes et femmes, tenant à la bouche une sorte de tison allumé dont ils aspiraient la fumée. Ces tisons, appelés *tabagos*, étaient formés d'une herbe roulée dans une feuille sèche. Voilà les premiers fumeurs et les premiers cigares dont l'histoire fasse mention.

Les Indiens de l'archipel des Antilles, les Caraïbes, fumaient donc, depuis des siècles peut-être, lorsque les Européens abordèrent pour la première fois dans leurs îles. Le tabac jouait un grand rôle dans leurs pratiques superstitieuses et dans leurs assemblées. Consulté sur les choses de l'avenir, le devin commençait par humer la fumée de plusieurs *tabagos*, tandis que les assistants, rangés en rond, fumaient à qui mieux mieux pour s'envelopper d'un épais nuage. La tête exaltée par le tabac, le devin rendait alors ses oracles, du sein de la nuée, en un langage extraordinaire où les auditeurs croyaient reconnaître la voix de la divinité.

Semblable cérémonie se passait dans les assemblées où devaient se traiter les affaires publiques. Assis sur une pierre et aspirant la fumée d'un énorme *tabago*, l'orateur qui devait prendre la parole attendait, impassible, les chefs de la nation qui s'approchaient de lui, à tour de rôle, pour lui envoyer au visage d'abondantes bouffées de tabac et lui recommander les intérêts de la peuplade. Ces fumigations terminées, l'orateur s'abandonnait à son éloquence, au milieu de l'enthousiasme de l'assemblée.

Les compagnons de Colomb apprirent à fumer des Caraïbes, y prirent goût et apportèrent cette habitude dans leur pays. On imagina plus tard de réduire en poudre l'herbe des Indiens et de s'en mettre dans le nez.

L'Espagne et le Portugal comptaient déjà des fumeurs et des priseurs par milliers, lorsque le tabac fit sa première apparition en France, en 1560. L'ambassadeur français Nicot envoya, de Lisbonne, à Catherine de Médicis, des graines de la plante et une boîte de tabac

Le tabac : fleur, fruit et graine.

en poudre. Cette reine ayant contracté en peu de temps la passion de priser, pour lui plaire, on cultiva le tabac avec le plus grand soin, et les priseurs furent bientôt nombreux dans toutes les provinces.

En l'honneur de Nicot, qui l'avait introduit en France, le tabac fut appelé *Nicotiane;* mais les flatteurs de Catherine jugèrent mieux de l'appeler *herbe de la reine.* On dit que Catherine fit tout au monde pour qu'on l'appelât *herbe médicée*, de son nom de famille, les Médicis de Florence; mais elle ne put y réussir. Le grand prieur de France, de la maison de Lorraine, était, à ce que dit l'histoire, un priseur passionné, consommant par jour jusqu'à trois onces de tabac. En son honneur, on appela le tabac *herbe du grand prieur.* De tous ces noms, décernés par la flatterie, aucun n'est resté si ce n'est *Nicotiane*, employé en botanique. Le terme tabac, d'un usage vulgaire aujourd'hui, est le vieux mot caraïbe *tabago*, modifié.

L'usage du tabac ne s'est pas répandu sans sérieuses luttes. L'empereur des Turcs, Amurat VI, porta les peines les plus sévères contre les priseurs et les fumeurs. Les délinquants recevaient cinquante coups de bâton sur la plante des pieds, comme premier avertissement ; s'ils recommençaient, ils avaient le nez coupé. Un roi de Perse alla plus loin : tout homme surpris une pipe à la bouche avait la lèvre supérieure coupée, et tout nez convaincu d'avoir humé une prise de tabac tombait sous le fer du bourreau. A la suite d'un incendie allumé par la négligence d'un fumeur, l'empereur de Russie, Michel Fédérowich, rendit une ordonnance qui condamnait tout fumeur à soixante coups de bâton sur la plante des pieds, et tout priseur à la perte du nez.

Ces rigueurs et bien d'autres moins cruelles n'arrêtèrent pas les progrès du tabac, et les gouvernements avisés se firent un revenu d'une habitude qu'ils ne pouvaient parvenir à détruire. La France, en particulier, retire annuellement près de 300 millions de la vente de ses tabacs.

VIII

LE CHOU. — LA RAVE. — LE RADIS

1. Le Chou. — Le chou est l'hôte habituel de nos jardins potagers. Dans la variété dite *chou pommé* ou *chou cabus*, les pousses amples, épaisses, courbées en coquille, s'emboîtent l'une dans l'autre et poussent en grosse tête compacte. Privées de lumière par ce mutuel emboîtement, les parties centrales restent blanches et tendres, et fournissent ainsi à l'alimentation une précieuse ressource.

Dans une autre variété, dite *chou-fleur*, une volumineuse grappe de fleurs, étroitement serrées l'une contre l'autre à l'état de boutons, reste cachée longtemps au centre d'un amas de feuilles, s'y maintient blanche et tendre faute de lumière, et fournit à la cuisine un mets encore plus estimé que la tête du chou cabus.

Le chou cabus.

Les fleurs de chou sont d'un jaune pâle. Le calice est de quatre sépales, nombre bien extraordinaire au milieu des autres fleurs dont les pièces se comptent ordinairement par cinq. La corolle a pareillement quatre pétales, qui, opposés deux à deux, figurent, dans leur ensemble, une petite croix à branches égales.

Les étamines sont au nombre de six, dont quatre plus longues et deux plus courtes. Le fruit prend le nom de *silique*. Il est étroit, allongé et à parois sèches. A la maturité, il s'ouvre de bas en haut en deux pièces, qui laissent entre elles, attachée au rameau, une fine cloison avec bordure ou cadre plus solide. Sur l'une et l'autre face, cette cloison porte les semences, appendues de part et d'autre à la bordure.

2. La Rave. — Bien d'autres plantes alimentaires prennent rang à côté du chou, à cause de la forme de leurs fleurs, dont les quatre pétales sont groupés en croix. Les plus importantes sont : la *rave*, le *navet*, le *radis*, qui, pour aliment, nous donnent leurs grosses racines charnues; la *moutarde*, dont les graines réduites en poudre servent à faire la moutarde de nos tables, cet assaisonnement de haut goût, à odeur piquante, qui monte au nez; le *colza*, dont les graines fournissent de l'huile; le *cresson*, qui vient le pied dans l'eau et fournit une salade estimée.

IX

LA CAROTTE

1. La Carotte. — Il suffit de prononcer le nom de carotte pour éveiller le souvenir de ces longues racines charnues, de couleur orangée, d'odeur aromatique, de saveur douceâtre, dont il se fait fréquent emploi dans les préparations de la cuisine. Il y en a de façonnées en pivot pointu d'une paire de pans de longueur; il y en a d'autres conformées en pain de sucre, d'autres encore qui se ramassent en une courte épaisseur. Toutes sont remarquables par l'abondance et la bonne saveur de la chair.

Or ce n'est pas avec ce volume, cette chair juteuse et sucrée, que vient la carotte sauvage, car la plante végète, livrée à elle-même et fort nombreuse, jusque dans les terrains les plus arides. Il n'est pas de champ abandonné, de pelouse au bord des sentiers, où elle ne croisse. La racine est alors une sorte de cordon effilé en queue de rat, maigre, aride, dur, de goût déplaisant. Et pourtant de ce sauvageon sans valeur provient la carotte de nos cultures.

Vous vous figurez peut-être que, de tout temps, en vue de notre alimentation, le poirier s'est empressé de produire de gros fruits à chair fondante ; que la carotte et le navet, pour nous faire plaisir, ont gonflé leur racine de chair savoureuse ; que le chou cabus, dans le

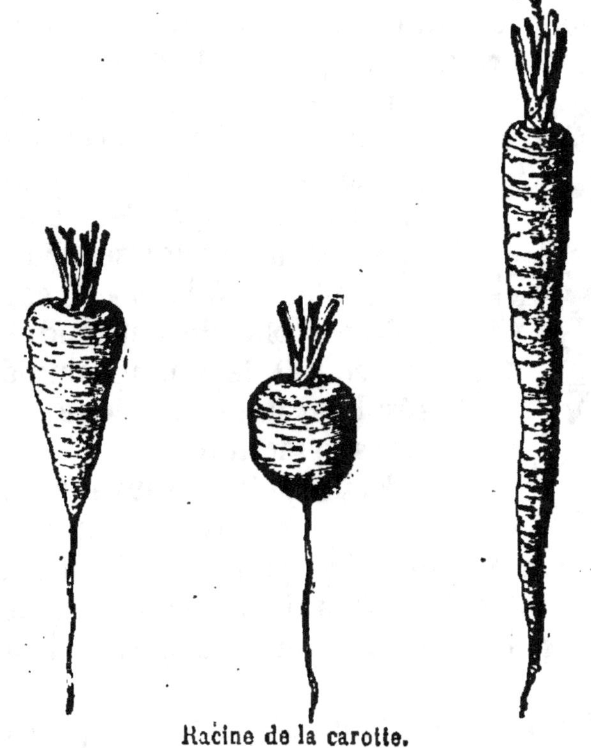

Racine de la carotte.

dessein de nous être agréable, s'est avisé d'empiler en tête compacte de belles feuilles blanches.

Vous vous figurez, enfin, que les plantes alimentaires nous sont venues dans le principe telles que nous les possédons maintenant. Détrompez-vous. La plante sauvage est pour nous une triste ressource alimentaire ; elle n'acquiert de la valeur que par nos soins. C'est à nous, par notre travail, notre réflexion, notre industrie, à tirer parti de ses aptitudes en les améliorant. Et voilà comment la maigre et coriace queue de rat de la carotte

sauvage est devenue la volumineuse et succulente racine
de la carotte cultivée.

« Encore une paire d'exemples sur cet important sujet.
Sur les falaises océaniques, exposées à tous les vents,
croît naturellement un chou, haut de tige, à feuilles
rares, échevelées, d'un vert cru, de saveur âcre, d'odeur
forte. Qu'attendre de ce sauvageon? Il n'a certes pas
bonne mine. Qui sait ? sous ses agrestes apparences, il
recèle peut-être de précieuses aptitudes.

Pareil soupçon vint apparemment à l'esprit de celui
qui, le premier, à une époque dont le souvenir s'est

La carotte.

perdu, admit le chou des falaises dans
ses cultures. Le soupçon était fondé.
Par les soins incessants de l'homme,
le chou sauvage s'est amélioré ; sa
tige s'est affermie ; ses feuilles, devenues plus nombreuses, se sont emboîtées, blanches et tendres, en tête
serrée ; et le chou pommé a été le
résultat final de cette magnifique
transformation.

Et le poirier sauvage, le connais-
sez-vous ? C'est un affreux buisson,
armé de féroces épines. Ses poires, toutes petites, âpres
et dures, semblent pétries de grains de gravier. Oh ! le
détestable fruit, qui vous serre la gorge et vous agace
les dents.

Celui-là certes eut besoin d'une rare inspiration qui, le
premier, eut foi dans l'arbuste revêche et entrevit, dans
un avenir éloigné, la poire beurrée que nous mangeons
aujourd'hui. Avec le temps et les soins, l'admirable changement s'est fait. Le sauvageon s'est civilisé ; il a perdu
ses épines et remplacé ses mauvais petits fruits par des
poires à chair fondante et parfumée.

La terre, pour nous engager au travail, loi suprême
de notre existence, est pour nous une rude marâtre. Aux
petits des oiseaux, elle donne abondante pâture ; à nous,
elle n'offre de son plein gré que les mûres de la ronce et

les prunelles des buissons. Ne nous en plaignons pas, car la lutte contre le besoin fait précisément notre grandeur. C'est à nous, par notre intelligence, à nous tirer d'affaire ; c'est à nous à mettre en pratique la noble devise : *Aide-toi, le ciel t'aidera.*

Voyez donc un peu où nous a conduits la carotte ! Les rondelles jaunes formant garniture d'un plat de mouton nous parlent de la sainte loi du travail. Tenons-nous-en là et revenons vite à la plante. Donnons un coup d'œil à son curieux feuillage, découpé en une multitude de fines pièces; à ses petites fleurs blanches qui se groupent à l'extrémité de menus rameaux disposés entre eux à peu près comme les branches d'un parapluie ou d'une ombrelle. Remarquons encore que toute la plante, racine, tige, rameaux et feuillage, répand, froissée, une assez forte odeur aromatique.

2. **Le Céleri, le Persil.** — Le feuillage découpé, l'odeur aromatique, les petites fleurs assemblées par groupes ayant quelque ressemblance avec une ombrelle, se retrouvent dans le *céleri*, qui nous fournit pour aliment ces grosses côtes blanchies dans l'obscurité; le *persil*, dont les feuilles sont un assaisonnement des plus usités ; le *cerfeuil*, salade remarquable pour son arome. La ciguë, plante très vénéneuse, ressemble beaucoup au cerfeuil. Elle s'en distingue par son odeur déplaisante, et par les taches rougeâtres de sa tige.

X

LE MELON. — LE POTIRON

1. **Le Melon.** — Il ne sera pas sans intérêt d'apprendre comment vient le melon, ce gros fruit juteux et sucré si bien accueilli de nous tous quand arrivent les fortes chaleurs de l'été. Il y en a dont la chair est blanche,

d'autres dont la chair est d'un jaune rouge ou d'un rose tendre. Tantôt l'écorce est lisse, tantôt elle est bosselée de grossières verrues. Des sillons divisent le fruit en tranches et vont de la queue à l'extrémité opposée, semblables aux méridiens qui, d'un pôle à l'autre, sont tracés sur les globes géographiques.

Or, ce magnifique et délicieux fruit provient d'une plante d'assez pauvre aspect, qui rampe à terre, étalant en tout sens à la surface du sol ses longues ramifications. On lui donne, comme au fruit, le nom de *melon*. Ses feuilles imitent un peu celles de la vigne pour la forme, mais elles sont plus grandes et âpres au toucher. Les ramifications ont pareille rudesse, et s'étendent à une paire de mètres à la ronde.

De distance en distance, elles ont une sorte de petite main à un seul doigt, qui s'enroule en tire-bouchon et prend le nom de *vrille*. Enlaçant de ses vrilles les appuis rencontrés, la plante se soulève un peu çà et là, mais sans parvenir

Le melon.

à suspendre ses fruits en l'air. De pareils fruits, du poids de quelques kilogrammes, ne sont pas faits pour quitter le sol, et se balancer au bout d'un rameau élevé. Jadis le nez de Garo, chacun le sait, apprit à ses dépens combien périlleux serait l'ombrage d'un chêne, au lieu de glands portant des gourdes, cousines du melon.

Examinons les fleurs; elles nous montreront une particularité des plus curieuses. Les fleurs du melon sont, en effet, de deux sortes. Les unes ont au-dessous de la corolle un gros renflement vert, destiné à devenir le fruit, le volumineux melon ; les autres n'ont pas ce renflement et tombent sans jamais donner de fruit. Ce sont les plus nombreuses.

Ouvrons les premières, nous y verrons un pistil, mais

Melon : fleur pistillée.　　Melon : section de la fleur pistillée.

pas d'étamines ; ouvrons les secondes, nous y constaterons des étamines, mais pas de pistil.

Les premières sont des fleurs à pistil seulement ; nous les appellerons fleurs *pistillées*. Les secondes sont des

Melon : fleur staminée. Section de la fleur staminée.　　Melon : étamines.

fleurs à étamines seulement ; nous leur donnerons le nom de fleurs *staminées*. Ces deux genres de fleurs mutuellement se complètent : les unes fournissant l'ovaire, qui doit devenir le fruit ; les autres fournissant le pollen, sans lequel cet ovaire ne pourrait grossir et mûrir.

2. **Le Potiron.** — Citrouille, courge et potiron sont même chose sous des noms différents. Ces fruits énor-

mes peuvent atteindre le poids d'environ 100 kilogrammes, si le jardinier s'en donne la peine pour la curiosité du fait. Ils proviennent d'une plante exactement organisée comme le melon, ayant comme lui ramifications rampantes, vrilles en tire-bouchon, fleurs à étamines et fleurs à pistil ; seulement les tiges sont plus fortes et plus longues, les fleurs plus amples, le feuillage plus grand.

XI

LES PLANTES TEXTILES

1. Le Coton. — Les plantes textiles sont celles d'où nous retirons la matière première de certains de nos tissus, tels que la toile, la percale, l'indienne. Les principales sont le cotonnier, le lin et le chanvre.

Le cotonnier.

Le cotonnier, qui nous fournit le coton, la plus importante des matières végétales textiles, est une herbe d'un à deux mètres d'élévation, ou même un arbrisseau, dont les grandes fleurs jaunes ont la forme de celles de la mauve. A ces fleurs succèdent des fruits ou coques de la grosseur d'un œuf, que remplit une bourre soyeuse, tantôt blanche, tantôt d'une faible nuance jaune, suivant l'espèce de cotonnier. Au milieu de cette bourre se trouvent les graines.

Les coques de la précieuse plante s'entr'ouvrent à la maturité, et laissent épancher leur bourre en un moelleux flocon que l'on recueille à la main, coque par coque. La bourre, bien desséchée au soleil, sur des claies, est battue avec des fléaux, ou mieux soumise à l'action de certaines machines. On la débarrasse de la sorte des graines et des débris du fruit. Sans autre préparation, le coton nous arrive en grands ballots pour être converti, dans nos usines, d'abord en fil et puis en tissus.

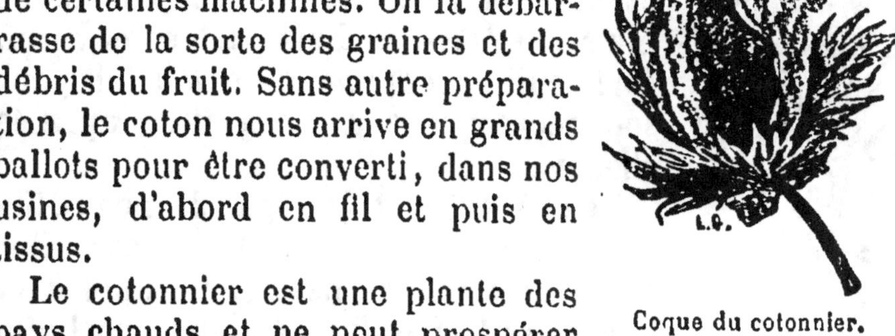

Coque du cotonnier.

Le cotonnier est une plante des pays chauds et ne peut prospérer en France. La région qui en produit le plus est la partie méridionale des États-Unis de l'Amérique du Nord. Viennent après, le Brésil, dans l'Amérique du Sud ; l'Inde, en Asie ; et l'Égypte, en Afrique.

2. Le Lin. — L'écorce intérieure du lin et du chanvre est composée de longs filaments, souples et tenaces, que l'on emploie, comme le coton, à la fabrication des tissus. Le lin nous donne les tissus de luxe : batiste,

Récolte du lin.

tulle, gaze, dentelles, malines ; le chanvre nous fournit les tissus plus forts, jusqu'à la grossière toile à sacs.

Le lin est une plante fluette, à petites fleurs d'un bleu tendre, qui se sème et se récolte tous les ans. Sa culture est très développée dans le nord de la France, en Belgique, en Hollande. C'est la première plante que l'homme ait utilisée pour ses tissus.

Fleur du lin.

3. Le Chanvre. — Le chanvre est cultivé dans toute l'Europe. C'est une plante annuelle, d'une odeur forte, nauséabonde, à petites fleurs vertes, sans éclat, et dont la tige, de la grosseur d'une plume, s'élève à deux mètres environ. On la cultive, comme le lin, à la fois pour son écorce et pour sa graine, appelée chènevis.

Le chènevis est le régal de nos petits oiseaux en cage. Quant à la graine de lin, c'est une semence lisse et luisante d'où l'on extrait, par la pression, une huile employée dans l'éclairage et la peinture, mais non bonne aux usages de la cuisine.

Lorsque le chanvre et le lin sont parvenus à maturité, on en fait la récolte, et l'on sépare les graines soit par le battage, soit en peignant entre de fortes dents en fer les sommités fructifiées de la plante.

On procède ensuite à une opération appelée *rouissage*, qui a pour but de rendre facilement séparables du bois les filaments de l'écorce ou fibres. Ces fibres, en effet, sont collées à la tige et agglutinées entre elles par une matière gommeuse, très résistante, qui les empêche de s'isoler tant qu'elle n'est pas détruite par la pourriture.

Le chanvre : pied à étamines.

Le rouissage consiste à tenir plongés dans l'eau le lin et le chanvre liés en bottes. Il s'établit bientôt une pourriture qui dégage des puanteurs malsaines ; l'écorce se corrompt, et les fibres, douées d'une résistance exceptionnelle, sont mises en liberté.

On fait alors sécher les bottes ; puis on les écrase entre les mâchoires d'un instrument appelé *broie*, pour casser les tiges en menus morceaux et les séparer de la filasse. Enfin, pour purger la filasse de tout débris ligneux et pour la diviser en filaments plus

Le chanvre : pied à pistils.

fins, on les passe entre les pointes en fer d'une sorte de grand peigne, pareil à celui qui sert à la séparation des semences.

XII

LES PLANTES A OIGNONS

Le lis, la tulipe, la jacinthe et autres plantes voisines se multiplient non seulement par graines, ce qui est très lent, mais aussi par *oignons* ou par *bulbes*, ce qui est reproduction rapide. Qu'est-ce qu'une bulbe ? Nous allons l'apprendre.

Fendons en deux, du sommet à la base, un vulgaire oignon, emprunté au domaine de la cuisine. Nous le trouverons formé d'une suite d'écailles charnues, étroitement emboîtées l'une dans l'autre et portées sur une tige très courte, espèce de plateau. Au centre de ces écailles succulentes, feuilles changées en réservoir alimentaire, d'autres feuilles apparaissent avec la forme et la couleur verte habituelles. Un oignon ou bulbe est donc une jeune pousse, ou, comme on dit, un bourgeon, qui peut se développer seul au moyen de ses feuilles extérieures converties en écailles nourricières.

La jacinthe.

Nous avons tous observé que l'oignon ordinaire appendu au mur pour les besoins de la cuisine s'éveille, pendant l'hiver, à la chaleur de l'appartement; et du sein de ses enveloppes rousses jette une belle pousse verte, qui nous rappelle les douces joies du printemps. A mesure que la plante grandit, ses écailles charnues se rident, se ramollissent, deviennent flasques et tombent enfin en pourriture pour lui servir d'engrais. Tôt ou tard, cependant, les provisions étant épuisées, la pousse dépérit, à moins d'être mise en terre.

La tulipe.

Beaucoup de plantes à oignons donnent de magnifiques fleurs, souvent d'une culture on ne peut plus facile. De ce nombre est la jacinthe. Voici un oignon de jacinthe ouvert. On y reconnaît les parties constituantes d'une bulbe : une courte tige émettant d'un côté des racines, de l'autre des écailles charnues engainées l'une dans l'autre. Du centre des écailles montent déjà les feuilles ordinaires, avec une grappe de fleurs en bouton.

On applique aux oignons de jacinthe la culture ordinaire, c'est-à-dire qu'on les met en terre; et alors ils fleurissent au printemps. Mais on peut aussi les cultiver sur les cheminées et les faire fleurir en hiver.

On met un de ces oignons sur le goulot d'une carafe pleine d'eau, ou bien dans un petit vase rempli de mousse qu'on a soin de maintenir humide. Sans plus, la bulbe végète, excitée par la chaleur de l'appartement. Elle émet de fines racines blanches, qui plongent dans l'eau de la carafe ou dans la mousse humide; elle déploie ses feuilles et enfin épanouit sa belle grappe de fleurs.

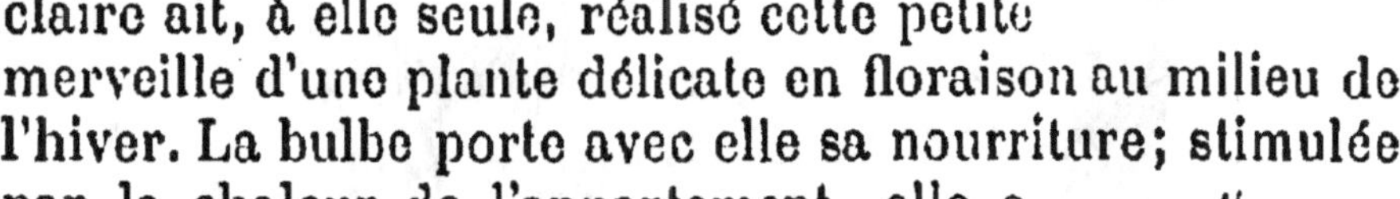
Bulbe de lis.

Or, n'allons pas croire qu'un peu d'eau claire ait, à elle seule, réalisé cette petite merveille d'une plante délicate en floraison au milieu de l'hiver. La bulbe porte avec elle sa nourriture; stimulée par la chaleur de l'appartement, elle a fleuri avant l'heure, nourrie de la substance de ses écailles charnues.

Les fleurs des plantes à oignons sont construites sur le modèle de celles du lis, se multipliant lui-même par bulbes. Elles n'ont pas de calice. La corolle a six pétales; les étamines sont au nombre de six; l'ovaire a trois compartiments ou loges.

Coupe d'une bulbe de jacinthe.

Ces plantes fournissent à la cuisine le vulgaire oignon, l'ail, le poireau. Elles embellissent nos parterres des superbes fleurs du lis, de la jacinthe, du narcisse, de la tulipe, de l'amaryllis.

XIII

LES CÉRÉALES

On appelle céréales, du nom de Cérès, déesse des moissons, les diverses plantes dont le grain farineux sert à notre nourriture et à celle de nos animaux domestiques. Les fleurs en sont petites et sans éclat. Les feuilles sont d'étroits rubans allongés. La tige, appelée *chaume*, est creuse et fortifiée de distance en distance par des nœuds.

Au premier rang des céréales est le *froment* ou bien le *blé*, dont le grain devient la farine et finalement le pain, la plus précieuse des nourritures, ce pain blanc,

Le froment.   Le seigle.

savoureux, de digestion facile, auquel nul autre ne peut être comparé.

Le *seigle* est au second rang. Il donne un pain brun, moins nutritif, à mie fraîche, un peu compacte et visqueuse. C'est néanmoins une plante très précieuse, car elle prospère dans les terres maigres et sous les climats froids où le froment ne pourrait venir.

L'*orge* est plus rustique encore. C'est la plante cultivée

qui supporte le mieux le froid et s'avance le plus vers le
Nord. Son grain fournit un pain lourd, désagréable au
goût et à l'odorat, de digestion pénible si l'estomac n'a
pas l'appétit aiguisé par de rudes travaux. Ce grain a
pour principal emploi la fabrication de la bière.

L'*avoine* ne fournit à l'homme qu'un mauvais aliment,
un pain noir, visqueux, compact, dont quelques pauvres

L'orge.   L'avoine.

pays se contentent faute d'autre. L'avoine est la nourriture des chevaux et de la volaille.

Le *maïs* est l'habituel aliment de l'Amérique méridionale. Beaucoup l'appellent *blé de Turquie*, nom
doublement impropre : car d'abord ce grain n'est pas
originaire de la Turquie, mais bien de l'Amérique; et
ensuite il n'a rien de commun avec le blé, qui nous
donne le pain.

Le maïs est une robuste plante qui arrive à hauteur

d'homme et même au delà. Ses feuilles sont amples ; ses grosses tiges sont pleines d'une moelle juteuse et sucrée ; aussi les animaux domestiques en sont-ils très friands. Son fruit consiste en volumineux épis enveloppés de larges feuilles et d'où s'échappe et retombe un épais faisceau de longs filaments blancs. Une multitude de grains arrondis, d'un jaune luisant, pressés l'un contre l'autre en lignes régulières, composent chaque épi.

Si l'on met sur les cendres chaudes quelques grains de maïs, on les voit s'ouvrir, s'étaler et se boursoufler en une sorte de petits gâteaux, plus appétissants à la vue qu'au goût, tant leur blancheur est parfaite. Cependant, avec la farine du maïs, on ne peut faire du pain. Ce que l'on obtient ainsi consiste en galettes d'un jaune qui promet beaucoup à la vue, mais dont le

Le maïs.

goût ne répond en rien à ces engageantes apparences. C'est un manger grossier, indigeste, qui vous rebute après quelques bouchées, à moins d'avoir un estomac des plus robustes.

Toutefois le maïs est un aliment très sain, ressource de grande valeur dans la campagne, où l'appétit s'aiguise par le grand air et les travaux pénibles. Seulement ce n'est pas sous forme de pain imparfait qu'il faut s'en nourrir. On le réduit en farine, et de cette farine cuite dans l'eau, résulte une bouillie estimée, qui porte le nom de *gaudes*.

Le froment, la seule céréale qui puisse nous donner le pain blanc, ce pain supérieur qui néanmoins n'est pas toujours de notre goût quand il n'est pas frotté d'un peu de beurre, le froment ne vient pas dans tous les pays. Ouvrons notre atlas et parcourons du doigt les pays qui entourent la mer Méditerranée ; nous aurons touché aux principales régions où le froment prospère. Plus au nord, il fait trop froid pour que la culture de la précieuse céréale réussisse ; plus au sud, il fait trop chaud.

Ce n'est pas tout. Dans ces régions privilégiées, toutes les terres ne sont pas aptes à donner l'incomparable moisson ; il faut au froment la douce température et le sol fécond des plaines, et non l'âpre climat et les pentes arides des montagnes. Considérons en particulier la France. Les plaines y produisent de très beau froment,

Le maïs.

mais pas assez pour nourrir toute la population ; aussi dans les contrées montueuses et froides, où la culture de cette céréale est impossible, on a recours, en première ligne, au seigle, qui donne un pain serré, brun, lourd, mais en somme préférable à tout autre, celui du froment excepté, bien entendu.

La culture du seigle est à son tour impossible dans les terrains les plus maigres et les plus froids. Une dernière ressource reste alors : c'est l'orge, la plus robuste des céréales, qui remonte dans les montagnes jusqu'au voisinage des neiges et peut se cultiver même sous le climat glacé de l'extrême nord de l'Europe. Il faudrait goûter le triste pain d'orge plein d'arêtes, pour trouver le nôtre bon, pour le trouver friandise exquise, même sans accompagnement de beurre, de confitures ou de miel.

Dans la majeure partie du monde, le froment, répandu partout par le commerce, ne fournit de pain qu'à la table des riches. Le reste de la population ne connaît pas en général cette nourriture, ne l'a jamais vue ; à peine en a-t-elle entendu parler comme d'une rare curiosité.

Diverses céréales remplacent le froment. L'Amérique a le maïs ; l'Afrique, le millet ; l'Asie, le riz. Dans l'Inde et la Chine, le peuple n'a guère d'autre nourriture que du riz cuit à l'eau avec un peu de sel. La moitié du monde entier s'alimente à peu près de même.

Le riz.

La plante qui produit le riz a une tige semblable à celle du blé ; mais, au lieu de se terminer par un épi dressé, elle porte au sommet un gracieux panache de rameaux faibles et pendants, tout chargés de graines. Les feuilles ont la forme d'étroits et longs rubans, rudes au toucher.

Cette plante est aquatique. Pour prospérer, elle doit plonger ses racines dans une vase noyée, et déployer son feuillage, la cime fleurie exceptée, au sein même de l'eau. Les bas fonds marécageux, inondés une partie pe l'hiver, conviennent à sa culture. La moisson du riz n'est donc pas notre riante moisson, aux chants du grillon et de l'alouette, parmi les bleuets et les coquelicots ; les moissonneurs travaillent au milieu de l'eau boueuse, parfois enfouis jusqu'aux genoux dans une vase noire

TABLE

______

PREMIÈRE PARTIE

DEUXIÈME PARTIE

LES ANIMAUX

TROISIÈME PARTIE

LES VÉGÉTAUX

SOCIÉTÉ ANONYME D'IMPRIMERIE DE VILLEFRANCHE-DE-ROUERGUE
Jules Bardoux, directeur.

Sceaux — Imp. Charaire et Cie